中國學術思想 研究輯刊

十二編

林慶彰 主編

第4冊

方以智易學形上思想研究（下）

沈信甫 著

花木蘭文化出版社

國家圖書館出版品預行編目資料

方以智易學形上思想研究(下)／沈信甫 著 — 初版 — 新北市：
花木蘭文化出版社，2011〔民 100〕
目 6+162 面；19×26 公分
（中國學術思想研究輯刊 十二編：第 4 冊）
ISBN：978-986-254-646-8（精裝）
1.（清）方以智　2.學術思想　3.易學
030.8　　　　　　　　　　　　　　　　　　100015762

ISBN-978-986-254-646-8

9 789862 546468

中國學術思想研究輯刊
十二編　第 四 冊　　　　　　ISBN：978-986-254-646-8

方以智易學形上思想研究（下）

作　　者　沈信甫
主　　編　林慶彰
總 編 輯　杜潔祥
出　　版　花木蘭文化出版社
發 行 所　花木蘭文化出版社
發 行 人　高小娟
聯絡地址　新北市永和區中正路五九五號七樓
　　　　　電話：02-2923-1455 ／傳眞：02-2923-1452
網　　址　http://www.huamulan.tw 信箱 sut81518@gmail.com
印　　刷　普羅文化出版廣告事業
封面設計　劉開工作室
初　　版　2011 年 9 月
定　　價　十二編 55 冊（精裝）新台幣 90,000 元

方以智易學形上思想研究（下）

沈信甫　著

目

次

第五章 結 論

　　桐城方以智是明末清初一位風格獨異的思想家。由於具有明遺民身分，入清逃禪以來，其行事終究隱晦而不便張揚，連帶其著作也隨之湮沒許久，有部份甚至被收入《四庫禁燬書叢刊》〔註1〕之列。由此可知，方以智所傳世的著作僅是其著作中的一小部分，其餘未見者則猶待後人繼續的發掘。另外，就方以智的學術思想而言，在中國思想史、中國佛教史及中國科技史上，都可以見到他用其不凡的一生，寫下可歌可泣的蜚頁，令人仰瞻不已。再者，於易學史的發展演變中，方以智易學思想，則有其獨到慧見，更是值得吾人加以留意與著墨的地方。是故經由本文初步探究其《周易時論合編》一書中所呈現的形上思想後，發現方以智易學形上思想突顯出幾個特色，此處先以提綱挈領的方式作一個簡要的說明，再分別詳論之。

　　其一，方以智易學形上思想主要是由「三極說」——無極、太極、有極所呈現「寂歷同時」的本體論思想；其二，就方以智理學思想中所開展的「三理說」——「至理」、「物理」、「宰理」的內涵言，是對於明末理學思想中天理觀的轉化與回應，尤其是在物理方面以格物為「即物窮理」，表現出他「重智」的思想特徵；其三，是方以智易學中的象數思想具有多種「理一分殊」的宇宙論模式，這些無非是闡明其「虛空皆象數」之要旨；其四，就方以智易學的宇宙論言，特別開展出一套哲學與科學並列的宇宙結構論；其五，從《周易時論合編圖象幾表》中收錄有二百多個圖式之多可知，方孔炤父子二

〔註1〕 如方以智主要的詩文隨筆《浮山文集前編》十卷、《浮山文集後編》二卷、《浮山此藏軒別集》二卷等，收錄於四庫禁燬書叢刊編纂委員會撰，《四庫禁燬書叢刊・集部》第一百一十三冊，（北京：北京出版社，2000年）。

人重視圖書象數之學的傳承與發展，此書乃是匯集自漢唐、宋明以降的圖書象數之學的代表作。析言之，方以智易學形上思想的具體內容大致如下：

一、方以智易學「三極說」中「寂歷同時」的本體論思想

在《周易時論合編》一書中，方以智繼承其祖父二人的易學觀點，對於太極的看法，仍然圍繞於無極、太極、有極的闡述上進而開展出其「三極說」的見解。今觀方以智於《圖象幾表・諸家冒示集表》中稱「論聲以◎爲本，今取以象三極之貫，太極在无極、有極中，而无極即在有極中」，〔註2〕可知方以智以「三極一貫圖」的圖式清楚地表達出無極、太極、有極三者「合二而一」〔註3〕的形上概念。由於「一」之太極的作用而呈現出無極、有極二者的相對待，如同方以智「公因反因」之說中「公因貫反對之因」之意，亦即「公因」等於太極，同是作爲萬物生成根源的形上本體；而「反因」就是「變」的形式，它是世間存有者所以會呈現爲「兩端」對待的根據。

至於方以智易學「三極說」的見解，主要可分爲兩個部分，一是對於無極、有極的有無之辨，二是提出「萬物共一太極，而物物各一太極」〔註4〕的觀點。

所謂無極、有極的有無之辨，依照其父方孔炤的看法，乃是有極代表著卦畫已具的抽象概括，而無極則代表於推衍卦畫未始有形之初。事實上，無極、有極已落於形下之概念，一爲有形，一爲無形的「兩端」，呈現二元的對立形態；而太極則是「貫一不落有無者」，〔註5〕表明它不是形下概念而是一超越的形上概念，此即「不落有無之太極」。是故，方以智在《易餘》中曾曰：

「有極」與「无極」相待，輪浸而貫其中者，謂之落有，不可也；
謂之落无，不可也，故號之曰「太極」。〔註6〕（《易餘・太極不落

〔註2〕 見方孔炤著、方以智編，《周易時論合編》（臺北：文鏡文化事業公司，1983年），冊五，卷之一，〈諸家冒示集表〉，頁5：79。

〔註3〕 陶清認爲：「方以智哲學的『合二而一』命題的理論意蘊包含有兩個層面：即是指矛盾兩端和合而爲一個統一體，又是指統一體內部兩端時位的不同。」見氏著，《明遺民九大家哲學思想研究》（臺北：洪葉文化事業有限公司，1997年6月），頁643。

〔註4〕 同注2，冊四，卷之十，〈繫辭上傳〉，頁4：1502。

〔註5〕 同注2，冊五，卷之一，「圖書」，〈太極冒示圖說〉，頁5：73。

〔註6〕 見蔣國保，《方以智哲學思想研究》（安徽：安徽人民出版社，1987年12月），頁170引。

有无説》)

依據此段文意,方以智認爲,無極屬於「先天卦爻未闡」的第一階段,有極屬於「後天卦爻已布」的第二階段,故前者爲未生之象,後者爲已生之象,兩者相對待,進而「有極反无極,有无反太極」〔註7〕而轉化爲太極,此爲第三階段。〔註8〕由於太極是輪浸於有、無二極而貫通於其中,因此,既不落於有、無二極,同時,也不離於有、無二極,故又名爲「中天」,此即「二極相待,而絕待之太極,是曰中天」之意。〔註9〕

然而,方以智於《東西均‧反因》中曾謂「有不落有無之無,豈無不落有無之有乎?」〔註10〕這是說並非只有太極才是「不落有無者」,就連有、無也能夠顯現出「不落有無之無」與「不落有無之有」的形態,這似乎是在批駁其父的看法。其實,方以智爲避免人們誤入有無兩端之執見,乃從批判的繼承轉而成爲創造的發展,「故新其號曰太極,愚醒之曰太無,而實之曰所以」。〔註11〕由此可知,方以智對太極的意涵進行「創謂」層次的詮釋工作,建立個人新的詮釋論證,爲太極的概念賦予「太無」、「所以」等新的形上本體之意義,從而可以看出中國哲學中,具有許多「異名而實同」的哲學範疇,就其緣由乃是「理一分殊」之故。

所謂「萬物共一太極,而物物各一太極」的觀點,可從兩方面來看,一是指萬物的根源性來說,方以智認爲,萬物本自於太極之作用而生成,其爲萬物之共同的「一」,是以太極就是萬物的根源;二是就萬物稟受於太極的程度而言,一切事物之所以紛雜萬殊,乃是稟受於太極的作用時,各不相同之故,因此,萬物才會有千差萬別的形體與樣貌。由此可知,方以智易學「三極說」是宇宙萬物運化的內在根據,其中的具體內涵爲何?對此,方以智在《周易時論合編‧說卦傳》中曾謂:

　　《易》是誠明合一之寂場,格致開門,隨根自入,人非曝地,信必

〔註7〕 同上注,頁171引。
〔註8〕 關於太極生成論中三個階段說的詳細內容,參見馮錦榮,〈方以智の思想——方氏象數學への思索——〉,收錄於京都大學文學部中國哲學史研究室,《中國思想史研究》第10號(1987年度論文集),1987年12月,「第三章 《東西均》的象數說」,頁87～89。
〔註9〕 見方以智著、龐樸注釋,《東西均注釋》(北京:中華書局,2001年3月),《東西均‧三徵》,頁47。
〔註10〕 同注9,《東西均‧反因》,頁94。
〔註11〕 同注9,《東西均‧反因》,頁94。

不眞，要當以著香熏之。〔註12〕（《周易時論合編卷之十三‧說卦傳》）
在他看來，《周易》中的太極是作爲吾人誠明合一的所以然之體，對它的掌握
須從格物窮理的途徑來進入，雖然人之根器各自不同，卻都有稟受其理之可
能，人們只要依理窮究，熟讀卦爻經文，自能受其熏習而知其眞義。對此，
其又云：

> 聖人之所以用《易》也，藏天下於天下而已矣。一切人情物變，一
> 切教養禮樂，俱是天下之故，通志成務，无非寂然者也。〔註13〕（《周
> 易時論合編卷之十‧繫辭上傳》）

由此可知，聖人作《易》之旨，在於推行教化，藏天下之理於天下之事中，
而世間一切的人倫教化、萬物萬殊，乃是天地化成的具體展現，但是在人文
世界的背後之所以「通志成務」的可能，莫不有著寂然的本體蘊藏於其中，
此一「至理」即是方以智所言的易學「三極說」。作爲世間萬物的「存有者的
存有」，於宇宙當中，便呈現爲「寂然同時」的存在狀態，方以智曾謂「寂然
同時之體，即在歷然之用中」，〔註14〕意思是寂然的太極之體於歷然的無極、
有極的「未闢／已布」的卦畫變化中呈顯。因此，就三者的體用關係言，它
們是「寂然同時」而共同顯現；另外，就吾人對此一「至理」的認知活動角
度言，則是「寂感同時」之朗照於吾心，正是方以智所謂的「《易》貫寂感，
明物察倫」〔註15〕之意。

二、方以智易學「三理說」對明末理學思想中天理觀的轉化與回應

從宋明理學的發展過程來看，自南宋朱熹集北宋周、張、二程之大成而
奠定由南宋至明中葉的理學昌盛之後，一股針對朱子後學「道問學」以格物
爲「即物窮理」因而求理於外物，導致流於支離滯實之弊而起的反動思潮，
已經暗中伏動不已，至明代王陽明出，上承陸象山之要旨，主張「心即理」、
「致良知」，掀起了心學風氣。但到了明末「求理於心」發展至巔峰，一昧地
強調「尊德行」而流於「掃外言內」、「掃物尊心」的虛無之弊，是故另一股
針對王學末流專守心體的思想反動於是生焉。〔註16〕有識之士紛紛提倡以朱

〔註12〕同注2，冊四，卷之十三，〈說卦傳〉，頁4：1641。
〔註13〕同注2，冊四，卷之十，〈繫辭上傳〉，頁4：1495。
〔註14〕同注2，冊一，卷之一，〈坤卦〉，頁1：106。
〔註15〕同注2，冊二，卷之四，頁2：677。
〔註16〕張永堂指出：「從學術思想上說，明末清初是儒學由宋明理學過渡到清代經學的

子之學挽救此一弊端，如自羅欽順、王廷相以降逐漸重視對氣化之理的闡揚，使得理學在明末清初出現了「以朱救王」的崇實思潮。方以智正逢生於此一過渡時期，因而在其思想上也連帶地具有這樣的學問性格。尤其受到方氏家學的影響下，自曾祖父方學漸提出「藏陸于朱」的口號後，方以智的治學態度一直走著調和朱陸看法的進路。從父親方孔炤揭櫫「三理說」——「至理」、「物理」、「宰理」的內涵後，方以智繼承此一思想而發揚光大，從其早年著作《通雅》中即可見此以格物為「即物窮理」的思想特色，其謂：

> 考測天地之家，象數、律曆、聲音、醫藥之說，皆質之通者也，皆物理也，專言治教，則宰理也；專言通幾，則所以為物之至理也，皆以通而通其質者也。〔註17〕（《通雅卷首之三・文章薪火》）

由此可知，方以智治學所探求的對象之層面遍及天地人三才，並且由「質測」與「通幾」之學的認識方式予以統攝萬物萬殊的紛然眾理，開顯出「以通幾護質測之窮」的實測思想。另外，在其易學思想中，方以智亦曾謂「宰即宰其物理，即以宰至理矣，此所以為繼善成性之大業主也」〔註18〕意思是對於「理」的把握須先從「物理」的質測之學開始，一步步探究出作為萬物所以然者的「至理」之本體意義，使得吾人成為繼善成性之賢者。因此，在方以智易學及其理學的思想中，帶有濃厚的崇實精神，影響所及最明顯地是對天理意涵的轉化，是以「至理」取代天理的概念，並且藉由「宰理」的闡發，修正宋明理學中「存天理，滅人欲」的天理觀，再者，從「物理」的質測之學探究中，發展出自然哲學的天理觀，強化「天」的物質性意義，相形之下消弱道德哲學的天理觀。

三、方以智易學中「虛空皆象數」的宇宙論思想

在《周易時論合編》中，方以智可謂以象數思想作為其易學理論的核心。自從其父方孔炤揭示「虛空皆象數」的要旨後，方以智便肩負著編錄漢唐至

時期。如果從思想史發展的『內在理路』來說，這種過渡主要是宋明理學內在的矛盾發展到尖銳化以後所導致的結果。所謂『宋明理學內在的矛盾』即指程朱理學與陸王心學二派之間的矛盾而言。……換言之，十六、十七、十八世紀是『求理於內心』至『求理於外物』、虛無至崇實，陸王至程朱的一個消長過程。」見王壽南主編、傅武光等著，《中國歷代思想家》（十四）（臺北：臺灣商務印書館，1999 年 6 月更新版），氏撰〈方以智〉，「一、時代背景」，頁 313～314。

〔註17〕見方以智著、侯外廬主編，《方以智全書第一冊：通雅》全二冊（上海：上海古籍出版社，1988 年 9 月），上冊，卷首之三，〈文章薪火〉，頁 1：65。

〔註18〕同注2，冊四，卷之十，〈繫辭上傳〉，頁 4：1502～1503。

宋明諸家的取象說以推闡《周易》圖書象數的重要工作。所謂「虛空皆象數」，是指天地間生成變化的內在規律，皆藏寓在圖書象數之中。藉由對象數之理的掌握，便能夠通曉宇宙運化的內涵及其法則。對此，方以智於崇禎十六年所寫的《時論·後跋》中曾謂：

> 一有天地，無非象數也。大無外，細無間，以此爲徵，不者洸洋矣。
> 〔註19〕（《時論·後跋》）

在他看來，天地間的生成變化，皆可由卦爻象與河洛圖式加以抽象的概括，統攝時空、方位、數理、陰陽等的概念於卦策圖書之中，以此作爲萬物實徵的準則。具體而言，方以智易學中的象數思想具有多種「理一分殊」的宇宙論模式，其一是本於《易傳》一陰一陽以彌綸天地之道，透過「加一倍法」的生成原理，開展出卦畫的「太極──兩儀──四象」的宇宙間架；其二是在闡述先天之學上，方以智認爲「以乾坤之純，用六子之雜」，由八卦的生成象徵著萬物孕育之根源，亦即「乾坤生六子」的化生意義；其三是在闡述象數與理氣關係上，方以智提出的「氣類思想」所開展出氣的形上與形下的兩層意涵，對於自然界中紛然萬殊的事物予以統類說明，從而揭示其「二氣五行」的宇宙間架。

四、以哲學與科學並列爲間架的宇宙結構論

方以智是以「虛空皆象數」作爲其易學思想的理論根基，在此命題上，對於宇宙結構論的探討發展出哲學與科學二種並列的宇宙間架。前者即是「哲學的宇宙結構論」，此一宇宙結構是爲經驗現象界之所以可能提出一超越的根據，以邵雍、朱熹的象數之學爲主軸，建構出一種「圖書式宇宙論」，如方以智的〈密衍〉圖式；而後者即是「科學的宇宙結構論」，從現象界中經由直觀的經驗與儀器的實徵，進而認知到宇宙的整體，並且以觀測爲基礎，紀錄下所觀察到的宇宙萬象之變化，進而探究出宇宙結構的具體內容，如受到西學影響的地圓說和九重天說。

關於這兩種宇宙結構論的特性之差異，就探索的根源言，前者是以抽象概念的推衍與論證的過程來證成萬物背後的形上根源，如中國傳統哲學的「道」、「太極」、「易」等，這些都是先於經驗而獨立存在的本體概念；至於後者是在經驗現象界中發掘物質性的最終媒介，是以儀器觀測、理論推衍來

〔註19〕同注2，冊五，《時論·後跋》，頁5：51～52。

掌握萬物的秩序性及其物性，如日月星辰的運轉周期、冷熱剛柔的屬性等。
再者，就開展的結構內容言，前者是經由哲學思辨與推衍而呈現出宇宙結構
的面貌，它並非是經驗中所見的具體事物，而是抽象化的圖象所組成的宇宙
結構，如方以智〈密衍〉中的「圖書式宇宙論」即爲其中的代表。然而，後
者是經由科學儀器的輔助下，對於可感可見的事物，進行觀測、分析後，所
形塑出來的宇宙結構，如九重天說中的天體組成即是此一代表。

五、方孔炤父子重視圖書象數之學

在明清之際的易學史上，桐城方孔炤父子二人手持匯集漢唐至宋明諸家
象數之學的旗幟，其代表作便是《周易時論合編圖象幾表》一書。是書不僅
續承三代家學，還收錄近代名儒不下十百餘家，所附各類的圖式（包含由文
字、卦爻象、黑白點等所組成）推估約有二百六十多幅之眾。對此，負責刊
印此書的李世洽於《周易時論》白華堂藏板上題記云：

> 桐山方氏，四世精《易》。潛夫先生研極數十年，明此一在二中、寂
> 歷同時之旨。邵、周、程、朱是爲正鐸，而理寓象數，中旁皆通，
> 近代王陽明、焦弱侯、管東溟、郝楚望、孫淇澳、高景逸、黃石齋、
> 倪鴻寶諸先生之說，萬派朝宗矣。一切生成天然秩敘，元會呼吸，
> 律曆徵幾，通志成務，體用神明，兼該悉備，實造化人事之彙籥，
> 百家九流之指歸也。〔註20〕

由此可知，桐城方氏歷代相傳的易學，莫不是欲揭示《周易》中太極的「一
在二中」與「寂歷同時」的要旨。進而以北宋邵雍、周敦頤、程頤與南宋朱
熹等人之易學爲準據，在「虛空皆象數」的命題上，揭示出「理寓象數，中
旁皆通」的意蘊。另外，方孔炤父子還集結時人諸家的易學精華，融貫於《周
易時論合編》一書中。是故此書的《圖象幾表》中蒐羅自宋明以降的圖書象
數之學，可謂是創始於方孔炤而集大成於方以智之手。

然而，方孔炤父子的易學思想，尤其重視宋易的圖書之學和邵雍易學。
這在清初之際出現反對象數之學的聲浪中，仍然能夠獨豎一幟，實爲象數易
學在明清易學史上的復興。同時，其治學方法著重以「象數徵理」的爲學進
路，展現出「圖象的思維」爲首的方氏易學的詮釋風格。如此一來，這也是

〔註20〕同注2，冊五，李世洽〈《周易時論》題記〉，頁5：2。

標誌著總結宋明易學中象數派思想的歷史意義。〔註21〕

　　綜合上述，從本文的探討中可知，桐城方氏易學傳至方以智身上時，不僅匯歸諸家易學以集其大成，而且還開展出泯沒已久的科學易的內涵。對此，吾人認爲在本文研究成果的基礎上，還有幾個可供未來發展與研究的方向：其一是清初易學史上有關易圖辨僞學的爭辯與論難，此一議題牽涉到「歷史考據」與「義理詮釋」兩種方法論上的詮釋問題；其二是方以智晚年逃禪之後，思想上出現由實轉虛的治學傾向。是故其易學與佛道二家思想上的融攝與會通，也成爲一個有待進一步研討的課題。要言之，本文的探討僅只是方以智思想研究中的一塊拋門磚，希冀未來能有更多的研究者一起加入此一行列。

〔註21〕　朱伯崑曾謂：「就明末清初的易學史看，以方氏爲代表的象數之學，由于以河洛之學和先後天易學，解釋《周易》經傳，又將象數之學推向極端，遭到義理學派和考據學派的抨擊。王夫之的易學和黃宗羲、黃宗炎，毛奇齡、胡渭等人對圖書學派和邵雍易學的否定，就是在這種情勢下產生的。就這一點說，以方氏爲代表的象數之學，又標誌著宋易中象數流派的終結。」見氏著，《易學哲學史》全四冊（臺北：藍燈文化事業股份有限公司，1991年9月），冊三，「第四編第八章第五節　方以智與《周易時論合編》」，頁3：395。

參考書目

說 明：

（一）參考書目以論文中曾徵引或論述者爲限。

（二）排列順序先列方氏著作，其餘按照古籍「經、史、子、集」四部分法，再依作者（或編者、譯者）的年代爲序。專書、期刊論文、學位論文、工具書等以作者的筆劃順序排列之。專書和期刊論文、學位論文的編排順序，則依序爲中文、譯著、英文、日文。若一人有多部著作，則依著作年代爲序。

（三）學位論文以專書形式出版者，列於「近代專書」一欄。

一、方氏著作（按照出版時間先後排列）

1. 明・方以智著、李學勤校點，《東西均》（附《象環寱記》），上海：中華書局，1962 年 11 月。

2. 明・方以智、方中通、興斧編，《青原愚者智禪師語錄》，收錄於《中華大藏經》第二輯，冊一百三十六《嘉興續藏經》，臺北：修訂中華大藏經會印行，1968 年。

3. 明・方學漸，《心學宗》，收錄於黃宗羲，《明儒學案》下冊，臺北：河洛圖書出版社，1974 年 12 月。

4. 明・方以智，《藥地炮莊》全二冊，臺北：廣文書局，1975 年。

5. 明・方以智錄、王雲五主編，《物理小識》人人文庫版，臺北：臺灣商務印書館，1978 年 2 月。

6. 明・方孔炤著、方以智編，《周易時論合編》全五冊，臺北：文鏡文化事業公司，1983 年。

7. 明・方以智著、笑峰大然編、施閏章補輯,《青原志略》,收錄於杜潔祥主編,《中國佛寺史志彙刊》第三輯,冊十四至十五,臺北:丹青圖書公司,1985 年 11 月。

8. 明・方以智著、侯外廬主編,《方以智全書第一冊:通雅》全二冊,上海:上海古籍出版社,1988 年 9 月。

9. 明・方以智著,《浮山文集前編》十卷、《浮山文集後編》二卷、《浮山此藏軒別集》二卷等,收錄於四庫禁燬書叢刊編纂委員會撰,《四庫禁燬書叢刊》集部,冊一百一十三,北京:北京出版社,2000 年。

10. 明・方中德撰、徐學林校點,《古事比》全二冊,合肥:黃山書社,1998 年 10 月。

11. 明・方以智著、龐樸注釋,《東西均注釋》,北京:中華書局,2001 年 3 月。

二、四部古籍（按照作者時代先後排列）

（一）總　類

1. 清・永瑢、紀昀等纂修,《景印文淵閣四庫全書》,臺北:臺灣商務印書館,1986 年 3 月。

（二）經　部

1. 漢・許慎撰、清・段玉裁注,《說文解字注》,臺北:黎明文化事業股份有限公司,1996 年 9 月。

2. 唐・李鼎祚,《周易集解》,臺北:臺灣商務印書館,1996 年 12 月。

3. 北宋・程頤,《易程傳》,臺北:文津出版社,1990 年 10 月。

4. 北宋・劉牧,《易數鈎隱圖》,收錄於嚴靈峰編輯:無求備齋《易經集成》冊一四三,臺北:成文出版社有限公司,1976 年。

5. 南宋・項安世,《周易玩辭》,收錄於嚴靈峰編輯:無求備齋《易經集成》冊一百十一,臺北:成文出版社有限公司,1976 年。

6. 明・楊時喬,《周易古今文全書》,收錄於四庫全書存目叢書編纂委員會撰,《四庫全書存目叢書・經部》,臺南:莊嚴文化事業有限公司,1997 年 2 月。

7. 清・阮元審定、盧宣旬校,《十三經注疏》全十四冊,臺北:藝文印書館,1955 年 4 月初版,（影印清嘉慶二十年江西南昌府學開雕重刊宋本）,並輔以國立編譯館主編,《十三經注疏分段標點》全二十冊,臺北:新文豐出版公司,2001 年 6 月。

8. 清・胡煦撰,《周易函書約存》,收錄於《四庫全書珍本》九集,冊十一至二十四,臺北:臺灣商務印書館,1979 年。

9. 清・胡渭撰，《易圖明辨》，收錄於嚴靈峰編輯：無求備齋《易經集成》冊一百四十五，臺北：成文出版社有限公司，1976 年。

10. 清・王聘珍撰，《大戴禮記解詁》，臺北：文史哲出版社，1986 年 4 月。

（三）史 部

1. 先秦・左丘明撰、吳韋注，《國語》，臺北：九思出版有限公司，1978 年 11 月。

2. 西漢・司馬遷撰、宋・裴駰集解、唐・司馬貞索隱、唐・張守節正義，《史記三家注》全二冊，臺北：七略出版社，1991 年 9 月。

3. 唐・魏徵等撰，《隋書》全三冊，臺北：史學出版社，1974 年 5 月。

4. 唐・房玄齡等奉敕撰、楊家駱主編，《新校本晉書並附編六種》全六冊，臺北：鼎文書局，1976 年 10 月。

5. 明・錢秉鐙撰，《所知錄》，收錄於李宗侗主編，《中國學術名著》第七輯，臺北：世界書局，1971 年 1 月。

6. 清・李瑤著，《南疆繹史》全四冊，臺北：成文出版社，1968 年 9 月。

7. 清・徐鼒撰、清・徐承禮補遺，《小腆紀傳》，收錄於周駿富輯，《清代傳記叢刊》冊六十九，臺北：明文書局，1985 年 5 月。

8. 清・馬其昶撰，《桐城耆舊傳》，收錄於沈雲龍主編，《近代中國史料叢刊》第四十一輯，臺北：文海出版社，1969 年。

9. 清・廖大聞等修、金鼎壽纂，《清道光桐城續修縣志》（清道光七年刊本），臺北：成文出版社有限公司，1975 年。

10. 清・張廷玉等奉敕撰、楊家駱主編，《新校本明史并附編六種》全十二冊，臺北：鼎文書局，1975 年 6 月。

11. 清・趙爾巽等奉敕撰、楊家駱主編，《楊校標點本清史稿附索引》全十八冊，臺北：鼎文書局，1981 年 9 月。

（四）子 部

1. 吳・趙爽注、唐・李淳風等注釋，《周髀算經》，收錄於郭書春、劉純校點，《算經十書》，瀋陽：遼寧教育出版社，1998 年 12 月。

2. 西漢・揚雄著、鄭萬耕校釋，《太玄校釋》，北京：北京師範大學出版社，1989 年 2 月。

3. 魏・王弼注、樓宇烈校釋，《老子周易王弼注校釋》，臺北：華正書局，1981 年 9 月。

4. 北宋・周敦頤撰、清・董榕輯，《周子全書》，臺北：廣學社印書館，1975 年 6 月。

5. 北宋・邵雍著、明・黃畿注、衛紹生校理，《皇極經世書》，鄭州：中州

古籍出版社，1993 年 9 月。

6. 北宋・程顥、程頤著，王孝魚點校，《二程集》全二冊，北京：中華書局，2004 年 2 月。

7. 南宋・朱熹集註、蔣伯潛廣解，《四書讀本・中庸集注》，臺北：啓明書局，1960 年。

8. 南宋・朱熹撰，朱傑人等主編，《朱子全書》全二十七冊，上海：上海古籍出版社，2002 年 12 月。

9. 元・朱震亨撰，《格致餘論》，收錄於《叢書集成初編》冊一千三百九十三，《格致餘論及其他七種》，北京：中華書局，1983 年 8 月。

10. 明・王夫之，《船山全集》全十六冊，長沙：嶽麓書社，1996 年 2 月。

11. 明・利瑪竇著，《乾坤體義》，收錄於《欽定四庫全書》，子部六，天文算3 類一，冊七百八十七，臺北：臺灣商務印書館，1986 年。

12. 明・黃宗羲著、沈善洪主編，《黃宗羲全集》全十二冊，杭州：浙江古籍出版社，2005 年 1 月。

13. 明・黃宗羲撰、清・全祖望補，楊家駱主編，《宋元學案》全三冊，臺北：世界書局，1991 年 9 月。

14. 明・黃宗羲，《明儒學案》全二冊，臺北：河洛圖書出版社，1974 年 12 月。

15. 明・覺浪道盛，《天界覺浪盛禪師全錄》，收錄於《中華大藏經》第二輯，冊一百三十六《嘉興續藏經》，臺北：修訂中華大藏經會印行，1968 年。

16. 清・游藝撰，《天經或問前集》，收錄於《四庫全書珍本》四集，冊一百六十四，臺北：臺灣商務印書館，1979 年。

17. 清・郭慶藩集釋，《莊子集釋》，臺北：貫雅文化事業有限公司，1991 年 9 月。

18. 民國・張純一，《墨子集解》，臺北：文史哲出版社，1971 年 2 月。

19. 民國・傅抱石編譯，《明末民族藝人傳》，收錄於周駿富輯，《清代傳記叢刊》遺逸類三，臺北：明文書局，1985 年 5 月。

20. 民國・顏昌嶢，《管子校釋》長沙：岳麓書社，1996 年 2 月。

21. 民國・張雙棣，《淮南子校釋》全二冊，北京：北京大學出版社，1997 年 8 月。

（五）集　部

1. 唐・杜甫著、清・仇兆鰲注，《杜詩詳注》全四冊，臺北：正大印書館股份有限公司，1974 年 6 月。

2. 元・吳澄撰，《吳文正公集》，收錄於《元人文集珍本叢刊》全八冊，臺北：新文豐出版股份有限公司，1985 年 4 月。

3. 明・王嗣奭撰，《杜臆》，收錄於《中華國學叢書》，臺北：臺灣中華書局，1970 年 10 月。

4. 明・徐芳撰，《懸榻編》（清初楞華閣刊本），出版年月不詳。

5. 明・陳子龍撰，《安雅堂稿》全二冊，收錄於《明代論著叢刊》第三輯，臺北：偉文圖書出版社有限公司，1977 年 9 月。

6. 清・周亮工撰，《讀畫錄》，收錄於周駿富輯，《清代傳記叢刊》第七十一冊，臺北：明文書局，1985 年 5 月。

7. 清・冒襄撰，《影梅庵憶語》，收錄於王德毅主編，《叢書集成續編》全二百八十冊，冊二一一，「文學類・情豔小說」，《香艷叢書》三集，臺北：新文豐出版公司，1989 年 7 月。

8. 清・錢澄之撰、彭君華校點，《田間文集》，合肥：黃山書社，1998 年 8 月。

9. 清・施閏章撰，何慶善、楊應芹點校，《施愚山集》全四冊，合肥：黃山書社，1992 年 11 月。

10. 清・張貞生著，《庸書》，收錄於四庫全書存目叢書編纂委員會撰，《四庫全書存目叢書・集部》冊二百二十九，臺南：莊嚴文化事業有限公司，1997 年 2 月。

11. 清・浦起龍撰，《讀杜心解》，臺北：古新書局，1976 年 2 月。

12. 清・全祖望撰，《鮚埼亭集》全二冊，臺北：華正出版社，1977 年 3 月。

13. 清・余懷撰，《板橋雜記》，臺北：國立中央圖書館藏書，出版年月不詳。

三、近代專書（按照作者姓氏筆劃排列）

（一）中文部分

1. 方旭東，《尊德行與道問學——吳澄哲學思想研究》，北京：人民出版社，2005 年 3 月。

2. 王茂等著，《清代哲學》，合肥：安徽人民出版社，1992 年 1 月。

3. 王煜，《新儒學的演變——宋代以後儒學的純與雜》，香港：中文大學出版社，1990 年。

4. 王煜，《明清思想家論集》，臺北：聯經出版社，1992 年 4 月。

5. 王壽南主編，傅武光等著，《中國歷代思想家》（十四），臺北：臺灣商務印書館，1999 年 6 月更新版。

6. 任道斌，《方以智年譜》，合肥：安徽教育出版社，1983 年 6 月。

7. 任道斌編，《方以智・茅元儀著述知見錄》，北京：書目文獻出版社，1985 年 4 月。

8. 成中英主編，《本體與詮釋》，北京：生活‧讀書‧新知三聯書店，2000 年 1 月。

9. 成中英，《本體詮釋學》第二輯，北京：北京大學出版社，2002 年 3 月。

10. 朱伯崑，《易學哲學史》全四冊，臺北：藍燈文化事業股份有限公司，1991 年 9 月。

11. 朱葵菊著，《中國歷代思想史：清代卷》，臺北：文津出版社，1993 年 12 月。

12. 江曉原、鈕衛星著，《天文西學東漸集》，上海：上海書店出版社，2001 年 11 月。

13. 美‧牟復禮、英‧崔瑞德編，《劍橋中國明代史》，北京：中國社會科學出版社，1992 年 2 月。

14. 余英時，《方以智晚節考》增訂版，臺北：允晨文化實業股份有限公司，1986 年 11 月。

15. 余英時，《論戴震與章學誠——清代中期學術思想史研究》，臺北：東大圖書股份有限公司，1996 年 11 月。

16. 李約瑟著、曹謨譯，《中國之科學與文明》全十五冊，臺北：臺灣商務印書館，1975 年 1 月。

17. 沈清松，《物理之後——形上學的發展》，臺北：牛頓出版社，1987 年 1 月。

18. 汪學群，《清初易學》，北京：商務印書館，2004 年 11 月。

19. 肖巍，《宇宙的觀念》，北京：中國社會科學出版社，1996 年 12 月。

20. 周桂鈿，《秦漢思想史》，石家莊：河北人民出版社，1999 年 12 月。

21. 尚智叢，《明末清初（1582～1687）的格物窮理之學：中國科學發展的前近代形態》，成都：四川教育出版社，2003 年 5 月。

22. 屈萬里，《尚書釋義》，臺北：中國文化大學出版部，1995 年 7 月。

23. 金祖孟，《中國古宇宙論》，上海：華東師範大學出版社，1991 年 9 月。

24. 侯外廬主編，《中國思想通史》，北京：人民出版社，1960 年 4 月。

25. 侯外廬等主編，《宋明理學史》，北京：人民出版社，1987 年 6 月。

26. 侯外廬主編，《中國思想史綱》，臺北：五南圖書出版公司，1993 年 9 月。

27. 俞宣孟，《本體論研究》，上海：上海人民出版社，1999 年 5 月。

28. 姜伯勤，《石濂大汕與澳門禪史——清初嶺南禪學史研究初編》，上海：學林出版社，1999 年 12 月。

29. 韋政通，《中國思想史》全二冊，臺北：水牛圖書出版事業有限公司，2001 年 11 月。

30. 徐海松，《清初士人與西學》，北京：東方出版社，2000 年 12 月。

31. 徐聖心，《青天無處不同霞：明末清初三教會通管窺》，臺北：臺大出版中心，2010 年 2 月。

32. 祝平一，《說地——中國人認識大地形狀的故事》，臺北：三民書局，2003年 8 月。

33. 梁啓超，《中國近三百年學術史》，臺北：臺灣中華書局，1935 年 9 月初版。

34. 陳久金、楊小怡著，《中國古代天文與曆法》，臺北：臺灣商務印書館，1993 年 10 月。

35. 陳衛平，《第一頁與胚胎——明清之際的中西文化比較》，上海：上海人民出版社，1992 年 4 月。

36. 陶清，《明遺民九大家哲學思想研究》，臺北：洪葉文化事業有限公司，1997 年 6 月。

37. 張永堂，《明末方氏學派研究初編——明末理學與科學關係試論》，臺北：文鏡文化事業有限公司，1987 年 1 月。

38. 張立文主編，《中國哲學範疇精粹叢書——道》，北京：中國人民大學出版社，1989 年 3 月。

39. 張立文主編，《中國哲學範疇精粹叢書——氣》，北京：中國人民大學出版社，1990 年 12 月。

40. 張立文主編，《中國哲學範疇精粹叢書——理》，臺北：漢興書局有限公司，1994 年 5 月。

41. 張立文主編，《中國哲學範疇精粹叢書——天》，臺北：七略出版社，1996 年 11 月。

42. 張立文主編，《中國哲學範疇精粹叢書——心》，臺北：七略出版社，1996 年 11 月。

43. 張立文主編、向世陵著，《中國哲學範疇精粹叢書——變》，臺北：七略出版社，2000 年 4 月。

44. 張其成，《象數易學》，北京：中國書店，2003 年 6 月。

45. 張岱年、方立天合編，《中華的智慧：中國古代哲學思想精粹》，臺北：貫雅文化事業有限公司，1991 年 11 月。

46. 傅偉勳，《從創造的詮釋學到大乘佛學——「哲學與宗教」四集》，臺北：東大圖書股份有限公司，1999 年 5 月。

47. 曾春海，《易經的哲學原理》，臺北：文津出版社，2003 年 3 月。

48. 馮友蘭，《中國哲學史》全二冊，臺北：臺灣商務印書館，1947 年 10 月增訂八版。

49. 馮友蘭，《中國哲學史新編》全七冊，北京：人民出版社，1988 年 1 月。

50. 黃俊傑編，《中國經典詮釋傳統——通論篇》，臺北：財團法人喜瑪拉雅研究發展基金會，2002 年 6 月。

51. 黃壽祺、張善文撰，《周易譯注》，上海：上海古籍出版社，2001 年 9 月。

52. 葉舒憲、田大憲著，《中國古代神秘數字》，北京：社會科學文獻出版社，1998 年 3 月。

53. 彭迎喜，《方以智與《周易時論合編》考》，廣州：中山大學出版社，2007 年 6 月。

54. 鄔昆如，《哲學概論》，臺北：五南圖書出版有限公司，1999 年 10 月。

55. 蒙培元，《理學範疇系統》，北京：人民出版社，1998 年 5 月。

56. 趙師中偉，《易經圖書大觀》，臺北：洪葉文化事業有限公司，1999 年 3 月。

57. 趙師中偉，《道者，萬物之宗——兩漢道家形上思維研究》，臺北：洪葉文化事業有限公司，2004 年 4 月。

58. 劉君燦，《方以智》，臺北：東大圖書股份有限公司，1988 年 8 月。

59. 劉蔚華、趙宗正主編，《中國儒家學術思想史》，濟南：山東教育出版社，1996 年 12 月。

60. 樊洪業，《耶穌會士與中國科學》，北京：中國人民大學出版社，1992 年 12 月。

61. 蔣國保，《方以智哲學思想研究》，合肥：安徽人民出版社，1987 年 12 月。

62. 蔣國保，《方以智與明清哲學》，合肥：黃山書社，2009 年 10 月。

63. 鄭文光，《中國天文學源流》，臺北：萬卷樓圖書有限公司，2000 年 3 月。

64. 鄭吉雄，《易圖象與易詮釋》，臺北：國立臺灣大學出版中心，2004 年 6 月。

65. 肖箑父、許蘇民著，《明清啓蒙學術流變》，瀋陽：遼寧教育出版社，1995 年 10 月。

66. 戴璉璋，《易傳之形成及其思想》，臺北：文津出版社，1987 年 6 月。

67. 謝正光，《清初詩文與士人交遊考》，南京：南京大學出版社，2001 年 9 月。

68. 謝明陽，《明遺民的莊子定位論題》，臺北：國立臺灣大學出版委員會，2001 年 10 月。

69. 謝明陽，《明遺民的「怨」「群」詩學精神——從覺浪道盛到方以智、錢澄之》，臺北：大安出版社，2004 年 2 月。

70. 謝國楨，《明末清初的學風》，北京：人民出版社，1982 年 6 月。

71. 羅熾，《方以智評傳》，南京：南京大學出版社，1998 年 12 月。

（二）英文部分

1. Willard J. Peterson（彼得遜）, Fang I-Chih"s Response to Western Knowledge（《方以智對西方知識的反應》）, Unpublished Ph.D. dissertation, Harvard University, 1970.

2. Willard J. Peterson（彼得遜）, Bitter Gourd：Fang I-Chih and the Impetus for Intellectual Change（《匏瓜：方以智與對思想革新之衝動》）, New Haven and London：Yale University Press, 1979.

3. Willard J. Peterson（彼得遜）, Fang I-Chih：Western Learning and the "Investigation of Things", in Theodore de bary ed , The Unfolding of Neo-Confucianism , New York : Columbia University Press, 1979.

（三）日文部分

1. 山田慶兒，《混沌の海へ》，京都：朝日新聞社，1982 年 6 月。

2. 荒木見悟，《憂國烈火禪》，京都：研文出版社，2000 年。

四、期刊論文（按照作者姓氏筆劃排列）

（一）中文部分

1. 方任安，〈方以智哲學思想的特點〉,《安慶師院社會科學學報》第 2 期，1997 年。

2. 方竑，〈方密之先生之科學精神及其《物理小識》〉,《文藝叢刊》第 1 卷第 2 期，1934 年。

3. 方豪，〈方以智和陶詩手卷及全文──觀王雪艇先生舊藏方以智手書長卷跋言──〉,《東方雜誌》復刊，第 7 卷第 7 期，1974 年 1 月。

4. 方錫球，〈論方以智詩學思想的文化美學特色〉,《文學評論》，2005 年第 1 期。

5. 方鴻壽，〈方以智年譜〉，收錄於《藝文志》第 2 輯，太原：山西人民出版，1983 年 10 月。

6. 牛雲龍，〈試論方以智的治學精神與方法〉,《青島職業技術學院學報》第 17 卷第 4 期，2004 年 12 月。

7. 王煜，〈方以智倡三教歸「易」論〉,《中國文化月刊》第 56 期，1984 年 6 月。

8. 丘為君，〈清代思想史「研究典範」的形成、特質與義涵〉,《清華學報》第 24 卷第 4 期，1994 年 12 月。

9. 田恒金，〈談方以智對同源詞的研究〉,《湖北民族學院學報》（哲學社會科學版）第 18 卷第 3 期，2000 年。

10. 田海艦,〈方以智《東西均》矛盾思想探析〉,《河北大學學報》(哲學社會科學版) 第 28 卷第 4 期,2003 年 12 月。

11. 石雲孫,〈《通雅》:雅學的輝煌〉,《安慶師範學院學報》(社會科學版),1997 年第 2 期。

12. 朱冠明,〈方以智《通雅》謰語考〉,《辭書研究》,2003 年第 4 期。

13. 朱倓,〈明季桐城中江社考〉,《中央研究院史語所集刊》第 1 本第 2 分,1971 年 1 月再版。

14. 吳海生,〈方以智的實證認識觀〉,《安慶師院社會科學學報》1997 年第 2 期,1997 年。

15. 呂妙芬,〈施閏章的家族記憶與自我認同〉,《漢學研究》第 21 卷第 2 期,2003 年 12 月。

16. 李迪,〈揭暄在物理學上的貢獻〉,《自然雜誌》,1979 年第 3 期,1979 年。

17. 李愼儀,〈《東西均》中「合二而一」的原意和實質〉,《哲學研究》(雙月刊) 1965 年第 3 期,1965 年 5 月。

18. 汪祚民,〈方以智詩論初探〉,《安慶師範學院學報》(社會科學版),1997 年第 2 期。

19. 周勤勤,〈方以智「均」、「易」哲學關系探析〉,《中國社會科學院研究生院學報》,2003 年第 6 期。

20. 周勤勤,〈方以智集大成思想與 21 世紀中西文化會通〉,收錄於方克立主編,《中國傳統哲學的現代詮釋——第十二屆國際中國哲學大會論文集之二》,北京:商務印書館,2003 年 6 月。

21. 周勤勤,〈方以智「∴說」解析〉,《中國社會科學院研究生院學報》,2005 年第 5 期。

22. 周遠富,〈方以智《通雅》與歷史語言學〉,《南通師範學院學報》(哲學社會科學版),2002 年第 4 期。

23. 周遠富,〈《通雅》與古韻分部〉,《古漢語研究》,2005 年第 2 期。

24. 林東陽,〈利瑪竇的世界地圖及其對明末士人社會的影響〉,收錄於《紀念利瑪竇來華四百周年中西文化交流國際學術會議論文集》,臺北:輔仁大學出版社,1983 年。

25. 邱敏捷,〈方以智《藥地炮莊》之「以禪解莊」〉,《南大學報》(人文與社會類),2005 年 4 月。

26. 金隆德,〈關於方以智的宇宙觀的辯證〉,收錄於《中國哲學》第 5 輯,北京:生活・讀書・新知三聯書店,1981 年 1 月。

27. 侯外廬,〈方以智——中國的百科全書派大哲學家(上篇):論啓蒙學者方以智的悲劇生平及其唯物主義思想〉,《歷史研究》第 6 期,1957 年 6 月。

28. 侯外盧,〈方以智——中國的百科全書派大哲學家（下篇）〉,《歷史研究》第 7 期, 1957 年 7 月。

29. 冒懷辛,〈關于方孔炤《周易時論合編》的發現〉,《中國哲學史研究》第 1 期, 1980 年 12 月。

30. 冒懷辛,〈關於方以智和中國傳統哲學思想的討論〉（致楊向奎論學書簡）,《歷史研究》（雙月刊）第 1 期, 1985 年 2 月。

31. 冒懷辛,〈論方以智哲學思想的科學基礎〉,《哲學研究》（月刊）第 10 期, 1985 年 10 月。

32. 冒懷辛,〈關於方以智的晚年社會活動〉,收錄於《清史論叢》第 3 輯, 出版年月不詳。

33. 洪健榮,〈明末清初熊明遇、熊人霖對西方地圓說的反應〉,收錄於龍村倪、葉鴻灑主編,《第四屆科學史研討會彙刊》,中央研究院科學史委員會, 1996 年 12 月。

34. 容肇祖,〈方以智和他的思想〉,《嶺南學報》第 9 卷第 1 期, 1948 年 12 月。

35. 馬數鳴,〈從程朱到老佛——論方以智哲學的唯心主義和形而上學特徵〉,《江淮論壇》（雙月刊）, 1985 年第 1 期。

36. 徐聖心,〈火・爐・土・均——覺浪道盛與無可弘智的統攝之學〉,臺大佛學研究》第 14 期, 2007 年 12 月。

37. 郭永芳,〈西方地圓說在中國〉,收錄於《中國天文學史文集》第四集, 北京：科學出版社, 1986 年。

38. 郭彧,〈易圖講座第四十二講——明代的易圖：方以智的《圖象幾表》〉（網路版：http://www.confucius2000.com/zhouyi/42fyzdtxjb.htm）,出版年月不詳。

39. 陳松郭,〈方以智坎坷人生對其哲學思想的影響〉,《安慶師院社會科學學報》,第 17 卷第 1 期, 1998 年 2 月。

40. 張永堂,〈方以智與王夫之〉,《書目季刊》第 7 卷第 2 期, 1972 年 12 月。

41. 張永堂,〈方孔炤〔周易時論合編〕一書的主要思想〉,《國立成功大學歷史學系歷史學報》第 12 期, 1985 年 12 月。

42. 張永堂,〈方學漸思想初探〉,《大陸雜誌》第 93 卷第 4 期, 1996 年 10 月。

43. 張岱年、陳來撰,〈關於方以智的本體論與方法論〉,《江淮論壇》（雙月刊）, 1984 年第 2 期。

44. 張德鈞,〈方以智《物理小識》的哲學思想〉,《哲學研究》（月刊）1962 年第 3 期, 1962 年 5 月。

45. 傅偉勳,〈現代儒學的詮釋學暨思維方法論建立課題——從當代德法詮釋

學爭論談起〉，收錄於江日新主編、成中英等著，《中西哲學的會面與對話》，臺北：文津出版社，1994 年 12 月。

46. 彭迎喜，〈《周易時論合編》的作者問題〉，《清華大學學報》（哲學社會科學版），第 13 卷第 4 期，1998 年。

47. 馮錦榮，〈方中通及其《數度衍》——兼論明清之際納白爾、哥白尼、開普勒、伽利略等人之曆算作品在華流播的情形——〉，《論衡》第 2 卷第 1 期（總第 3 期），1995 年 6 月。

48. 馮錦榮，〈明末清初士大夫對《崇禎曆書》之研究〉，《明清史集刊》第 3 卷，1997 年 6 月。

49. 馮錦榮，〈方以智的格致觀〉，《明清史集刊》，出版年月不詳。

50. 楊建忠，〈方以智《通雅》「因聲求義」的實踐〉，《黃山學院學報》第 6 卷第 1 期，2004 年 2 月。

51. 楊儒賓，〈從氣之感通到貞一之道——《易傳》對占卜現象的解釋與轉化〉，收錄於楊儒賓、黃俊傑編，《中國古代思維方式探索》，臺北：正中書局，1996 年 11 月。

52. 楊儒賓，〈讀《東西均注釋》札記〉，《古今論衡》第 10 期，2003 年 12 月。

53. 楊儒賓，〈儒門別傳—明末清初《莊》《易》同流的思想史意義〉，收錄於鍾彩鈞、楊晉龍主編，《明清文學與思想中之主體意識與社會——學術思想篇》，臺北：中央研究院中國文哲研究所，2004 年 12 月。

54. 蓋瑞忠，〈試析方以智的科學觀〉，《嘉義師院學報》第 11 期，1997 年 11 月。

55. 廖肇亨，〈藥地愚者大師之詩學源流及旨要論考——以「中邊說」為討論中心——〉，《佛學研究中心學報》第 7 期，2002 年 7 月。

56. 廖肇亨，〈藥地生死觀論析——以《東西均》與《藥地炮莊》為討論中心〉，收錄於鍾彩鈞、楊晉龍主編，《明清文學與思想中之主體意識與社會——學術思想篇》，臺北：中央研究院中國文哲研究所，2004 年 12 月。

57. 廖肇亨，〈天崩地解與儒佛之爭：明清之際逃禪遺民精神圖像的衝突與融合〉，收錄於《「臺灣與遺民儒學：1644 與 1895」學術研討會論文集》（抽印本，尚未出版），2005 年 9 月。

58. 廖肇亨，〈藥地愚者禪學思想蠡探——從「眾藝五明」到「俱鎔一味」〉，《中國文哲研究集刊》第 33 期，2008 年 9 月。

59. 蔡振豐，〈方以智三教道一論的特色及其體知意義〉，《臺灣東亞文明研究學刊》第 7 卷第 1 期（總第 13 期），2010 年 6 月。

60. 趙師中偉，〈「太極」思維的轉化與發展〉，收錄於《第十六屆國際易學大會論文集》，2001 年 11 月。

61. 趙師中偉，〈《易傳》的神秘數字──「數」之宇宙論探析〉，收錄於《海峽兩岸易學與中國哲學研討會論文集》（易學卷），2002 年 8 月。

62. 趙師中偉，〈「仁」的詮釋之轉化與延伸──以《論語》為例〉，收錄於《王靜芝教授九十冥誕紀念學術研討會論文集》，2005 年 5 月。

63. 劉君燦，〈方以智的自然觀〉，收錄於《第三屆科學史研討會彙刊》，1994 年 3 月。

64. 劉昭民，〈明末清初方以智的地學知識〉，收錄於《第六屆科學史研討會：『科技的公共認知與新世紀科技研究的角色』研討會論文彙編》，2002 年 3 月。

65. 蔣國保，〈方以智的「合二而一」新論〉，《哲學研究》（月刊）第 10 期，1983 年。

66. 蔣國保，〈方以智哲學範疇體系芻議〉，《江淮論壇》（雙月刊）第 5 期，1983 年。

67. 蔣國保，〈對《方以智科學哲學思想初探》的質疑〉，《哲學研究》（月刊）第 2 期，1985 年 2 月。

68. 蔣國保，〈方以智《易》學思想散論〉，收錄於《周易研究論文集》第三輯，北京：北京師範大學，1990 年 5 月。

69. 蔣國保，〈方以智的易學與醫學〉，《中國文化月刊》第 149 期，1992 年 3 月。

70. 蔣國保，〈評王夫之論方以智〉，《中國文化月刊》第 163 期，1993 年 5 月。

71. 蔣國保，〈方以智《性故》芻議〉，《中國哲學》第 5 期，1998 年 7 月。

72. 蔣國保，〈方以智《一貫問答》芻議〉，《安慶師範學院學報》（社會科學版）第 19 卷第 4 期，2000 年 8 月。

73. 蔣國保，〈方以智與桐城方氏學派〉，《中國文化月刊》第 280 期，2004 年 4 月。

74. 鄭萬耕，〈論「質測」與「通幾」之學的本義〉，《哲學研究》2001 年第 7 期，2001 年。

75. 謝仁真，〈方以智由儒入佛之檢視〉，收錄於《華梵大學第二次儒佛會通學術研討會論文集》，1997 年 10 月。

76. 謝仁真，〈方以智思想中「不落有無」與境界超越的問題〉，收錄於《華梵大學第五次儒佛會通學術研討會論文集》，2001 年 4 月。

77. 謝仁真，〈秩序變化同時──方以智易學中的時間觀念〉，《淡江大學中文學報》第 7 期，2001 年 6 月。

78. 謝仁真，〈淺談中國哲學的會通現象與問題：由方以智的會通論談起〉，收錄於《國科會哲學學門 86～92 研究成果發表會》（抽印本，尚未出版），

2005 年 3 月。

79. 謝仁真,〈方以智的人性論:至善統善惡──初探遺民心靈的超越途徑〉, 收錄於《「臺灣與遺民儒學:1644 與 1895」學術研討會論文集》(抽印本, 尚未出版),2005 年 9 月。

80. 謝明陽,〈明遺民覺浪道盛與方以智「怨」的詩學精神〉,《東華人文學報》 第 3 期,2001 年 7 月。

81. 韓‧金演宰,〈略論方以智的太極觀──從「一兩之辨」看方以智「一在 二中」、「合二則無一」的思想方式〉,《雲南大學學報》(社會科學版)第 2 卷第 5 期,2003 年。

82. 顏澤賢,〈方以智科學哲學思想初探〉,《哲學研究》(月刊)第 8 期,1984 年 8 月。

83. 龐樸,〈黑格爾的先行者──方以智《東西均‧三徵》解疏〉,《中國文化》 第 14 期,1996 年 6 月。

84. 羅熾,〈方以智的道家觀〉,《中國哲學史》第 1 期,1992 年 3 月。

85. 關童,〈《通雅》詁訓述略〉,《浙江大學學報》(人文社會科學版),1994 年第 1 期。

86. 關增建,〈方以智「通幾」與「質測」管窺〉,《鄭州大學學報》(哲學社 會科學版),1995 年第 1 期。

87. 釋聖嚴,〈明末中國的禪宗人物及其特色〉,《華岡佛學學報》第 7 期,1984 年 9 月。

88. 顧毓民,〈方以智的知識學〉,《哲學論集》第 25 期,1991 年。

(二)譯著部分

1. 日‧山田慶兒著、劉相安、沈揚譯,〈空間‧分類‧範疇──科學思考的 原初的基礎的形態〉,收錄於《日本學者論中國哲學史》,臺北:駱駝出 版社,1987 年 8 月。

2. 日‧荒木見悟著、廖肇亨譯,〈覺浪道盛初探〉,《中國文哲研究通訊》第 9 卷第 4 期,1999 年 12 月。

(三)日文部分

1. 大濱晧,〈方以智〉,收錄於《中國的思惟の傳統──對立と統一の論理 ──》,東京都:勁草書房,1969 年 8 月。

2. 小川晴久,〈方孔炤、方以智の「通幾」哲學の二重性──十七世紀の實 學研究と易學連關の一ケース─〉,收錄於《日本中國學會報》第 26 集, 東京都:早稻田大學東洋哲學研究室,1974 年 10 月。

3. 久富木成大,〈若き方以智の學問と思想──「通幾」と「質測」につい て──〉,收錄於《金澤大學文學部論集──行動科學‧哲學篇,第 18

號》，1998 年。

4. 坂出祥伸，〈方以智の思想——質測と通幾をめぐって——〉，收錄於藪内清、吉田光邦編，《明清時代の科學技術史》，京都：京都大學人文科學研究所，1970 年 3 月。

5. 坂出祥伸，清代の思想：〈方以智——徹底した懷疑主義的思想家〉，收錄於日原利國編，《中國思想史》下冊，東京都：株式會社，1987 年 7 月。

6. 重澤俊郎，〈方以智哲學試論〉，收錄於《中國の文化と社會》第 13 輯，京都：京都大學文學部中國哲學史研究室，1968 年。

7. 馮錦榮，〈方以智の思想——方氏象數學への思索——〉，收錄於《中國思想史研究》第 10 號（1987 年度論文集），京都：京都大學文學部中國哲學史研究室，1987 年 12 月。

8. 馮錦榮，〈明末清初方氏學派之成立及其主張〉，收錄於日‧山田慶兒主編，《中國古代科學史論》，京都：京都大學人文科學研究所，1989 年 3 月。

五、學位論文（按照作者姓氏筆劃排列）

（一）博士論文

1. 李京圭，《明代文人結社運動的研究——以復社爲主》，臺北：中國文化大學史學研究所博士論文，1989 年 12 月。

2. 吳志鴻，《兩漢哲學中宇宙論思想之研究》，臺北：私立輔仁大學哲學系研究所博士論文，2002 年 6 月。

3. 邢益海，《方以智的莊學研究——《藥地炮莊》初探》，廣州：中山大學哲學系博士論文，2010 年 6 月。

4. 周鋒利，《方以智三教會通思想研究》，北京大學博士論文，2008 年。

5. 許朝陽，《胡煦易學研究》，臺北：私立輔仁大學中國文學研究所博士論文，2000 年 6 月。

6. 陳德興，《兩漢氣化宇宙論之研究》，臺北：私立輔仁大學哲學系研究所博士論文，2005 年 7 月。

7. 張永堂，《方以智的生平與思想》，臺北：臺灣大學歷史學研究所博士論文，1977 年 6 月。

8. 彭戰果，《方以智儒、佛、道三教會通思想研究》，山東：山東大學中國哲學系博士論文，2009 年 3 月。

9. 傅咨銘，《對劉蕺山、方以智、王夫之生命實踐理論之研究——從道器關係爲論》，輔仁大學哲學研究所博士論文，2011 年 1 月。

10. 趙師中偉，《周易「變」的思想研究》，臺北：私立輔仁大學中國文學研究所博士論文，1994 年 6 月。

11. 廖肇亨，《明末清初の文藝思潮と佛教》，東京：東京大學大學院人文社會系研究科博士論文，2001 年 4 月。

12. 劉浩洋，《從明清之際的青原學風論方以智晚年思想中的遺民心志》，臺北：政治大學中國文學研究所博士論文，2003 年 7 月。

13. 劉謹銘，《方孔炤《周易時論合編》之研究》，臺北：文化大學哲學研究所博士論文，2004 年 5 月。

14. 劉貽群，《方以智《東西均》思想研究》，武漢大學博士論文，2006 年。

15. 謝仁真，《方以智哲學方法學研究》，臺北：臺灣大學哲學研究所博士論文，1994 年 6 月。

（二）碩士論文

1. 方書論，《論方以智思想中的科學精神》，江蘇：蘇州大學碩士論文，2007 年。

2. 王煌文，《方以智的家學與際遇對其西學之影響》，高雄：中山大學中國文學研究所在職專班碩士論文，2004 年 7 月。

3. 江淑蓁，《方以智「中和」詩學思想研究》，彰化：彰化師範大學國文學系碩士論文，2010 年。

4. 李素娓，《方以智「藥地炮莊」中的儒道思想研究》，臺北：臺灣大學中國文學研究所碩士論文，1976 年 6 月。

5. 李宛玲，《方以智《藥地炮莊》思想研究》，臺北：中興大學中國文學研究所碩士論文，1998 年 6 月。

6. 李仁展，《覺浪道盛禪學思想研究》，臺北：臺灣師範大學國文研究所碩士論文，2004 年 11 月。

7. 李忠達，《以學問爲茶飯——方以智的讀書與學道研究》，臺北：臺灣大學中國文學研究所碩士論文，2011 年 2 月。

8. 張凝，《方以智「統泯隨」思想之比較研究》，北京：北京大學哲學系碩士論文，2000 年 5 月。

9. 張永堂，《方以智研究初編》，臺北：臺灣大學歷史學研究所近代史組碩士論文，1973 年 5 月。

10. 張小英，《《切韻聲原》研究》，濟南：山東師範大學中文系碩士論文，2002 年 4 月。

11. 陳聖怡，《《切韻聲原》「十二統」音系研究》，高雄：中山大學中國語文學系研究所碩士論文，2004 年 11 月。

12. 傅咨銘，《對方以智《東西均》中「太極」與「均」的思想意涵探討》，

臺北：輔仁大學哲學研究所碩士論文，2004 年 5 月。

13. 黃學堂，《方以智《切韻聲原》研究》，高雄：高雄師範學院國文研究所碩士論文，1989 年 1 月。

14. 廖肇亨，《明末清初遺民逃禪之風研究》，臺北：臺灣大學中國文學研究所碩士論文，1994 年 5 月。

15. 廖逸婷，《方以智通雅同族詞研究》，臺北：臺灣師範大學國文研究所碩士論文，2008 年 1 月。

16. 劉浩洋，《方以智《東西均》思想研究》，臺北：政治大學中國文學研究所碩士論文，1997 年 6 月。

17. 劉娟，《方以智語言學研究》，山東師範大學碩士論文，2005 年 4 月。

18. 劉元青，《三教歸儒——方以智哲學思想的終極價值追求》，武漢：武漢大學中文系碩士論文，2005 年 5 月。

19. 蔡言勝，《《通雅》語文學研究》，合肥：安徽大學中文系碩士論文，2002 年 5 月。

20. 鍾月岑，《中國近代史上對傳統科學的呈現——以方以智研究爲焦點》，臺北：臺灣大學歷史研究所中國近代史組碩士論文，1991 年 6 月。

附　錄

附錄一：方以智思想研究書目暨論文期刊一覽表 〔註1〕

甲、專　書（依照各分類的出版年月遞增排列）					
序號	書　名	作者或編者	出處、年月、頁碼	要　旨	備註
一、文學類					
1	《清初詩文與士人交遊考》	謝正光	南京：南京大學出版社，2001年9月，〈讀方文《嵞山集》——清初桐城方氏行實小議〉，頁109～181。	論方文的家風及其族人仕隱殊途的事蹟	
2	《明遺民的「怨」「群」詩學精神——從覺浪道盛到方以智、錢澄之》	謝明陽	臺北：大安出版社，2004年2月，第三章「怨」的詩學精神——以覺浪道盛、方以智為主，頁63～114。	方以智詩學研究	
二、史學類					
1	《方以智年譜》	任道斌	合肥：安徽教育出版社，1983年6月。	年譜	

〔註1〕 關於方以智思想研究的文獻資料，可謂不勝枚舉。是故限於篇幅與能力，吾人僅列舉與方以智思想有明顯相關之二手資料的書目與篇名，餘者暫不贅言徵引。另外，在備註欄中，註明「○」號者，乃是因為受限於館藏地及其他特殊原因，吾人迄今尚未蒐羅備齊的文獻資料；註明「◎」號者，表示出處、日期、頁碼等不詳者。註明「※」號者，表示上述兩種情況皆不明確者。註明「★」號者，表示由「中國期刊網」網路下載的文獻資料。

| 2 | 《方以智晚節考》 | 余英時 | 臺北：允晨文化實業股份有限公司，1986 年 11 月。 | 考證方以智晚節與殉難之事，兼論其晚年思想具有會通三教及虛實合一的特色。 | |
| 3 | 《以學問爲茶飯－方以智的讀書與學道研究》 | 李忠達 | 臺灣大學中國文學研究所碩士論文，2011 年 2 月，頁 193～293。 | 附錄：方以智年譜長編 | |

三、哲學類

1	《中國近三百年學術史》	梁啓超	臺北：臺灣中華書局，1935 年 9 月初版，十二，頁 149～153。	論方以智治學方法及其《通雅》一書爲清代考證學的先河	
2	《中國思想通史》	侯外盧主編	北京：人民出版社，1960 年 4 月，下冊，第四卷：南宋元明思想，頁 1121～1188。	方以智思想通論	
3	《明末方氏學派研究初編——明末理學與科學關係試論》	張永堂	臺北：文鏡文化事業有限公司，1987 年 1 月。	桐城方氏學派研究，著重在方以智科學思想以及與西學的交涉	
4	《宋明理學史》	侯外盧等主編	北京：人民出版社，1987 年 6 月，下冊，第二十五章，頁 667～691。（亦載於《中國史研究季刊》第 4 期，1987 年 12 月，頁 55～66。）	冒懷辛撰：論方以智與「易堂九子」的思想	
5	《方以智哲學思想研究》	蔣國保	合肥：安徽人民出版社，1987 年 12 月。	方以智思想通論	
6	《方以智》	劉君燦著，傅偉勳、韋政通主編	臺北：東大圖書股份有限公司，1988 年 8 月。（世界哲學家叢書）	方以智思想通論	
7	《方以智全書第一冊：通雅》全二冊	方以智著、侯外盧主編	上海：上海古籍出版社，1988 年 9 月，上冊，〈方以智的生平與學術貢獻——方以智全書前言〉，頁 1～97。	方以智著作簡述及其思想通論	
8	《中國哲學範疇精粹叢書——道》	張立文主編	北京：中國人民大學出版社，1989 年 3 月，第十五章，頁 273～275。	方以智即器是道的思想	

9	《中國哲學範疇精粹叢書——氣》	張立文主編	北京：中國人民大學出版社，1990 年 12 月，第八章，頁 226～235。	方以智氣火一體的思想	
10	《新儒學的演變——宋代以後儒學的純與雜》	王煜	香港：中文大學出版社，1990 年，〈方以智尊火且倡三教歸《易》〉，頁 223～244。	從儒道和道佛兩方面看方以智思想的發展	
11	《中華的智慧：中國古代哲學思想精粹》	張岱年、方立天合編	臺北：貫雅文化事業有限公司，1991 年 11 月，陳來撰，〈方以智〉，頁 414～425。	方以智思想通論	
12	《易學哲學史》全四冊	朱伯崑	臺北：藍燈文化事業股份有限公司，1991 年 9 月，冊三，第四編第八章第五節，頁 381～581。	方以智與《周易時論合編》	
13	《清代哲學》	王茂等著	合肥：安徽人民出版社，1992 年 1 月，蔣國保撰，〈第十六章方以智太極一元論的思辨邏輯〉，頁 500～550。	方以智太極一元論思想	
14	《明清思想家論集》	王煜	臺北：聯經出版社，1992 年 4 月，頁 211～230。	讀方以智《東西均》的心得	
15	《中國歷代思想史：清代卷》	朱葵菊著	臺北：文津出版社，1993 年 12 月，冊六，第七章，頁 143～172。	方以智思想通論	
16	《中國哲學範疇精粹叢書——理》	張立文主編	臺北：漢興書局有限公司，1994 年 5 月，第九章，頁 266～271。	方以智因事見理的思想	
17	《明清啓蒙學術流變》	肖箑父、許蘇民著	瀋陽：遼寧教育出版社，1995 年 10 月，中篇，頁 459。	方以智論質測即藏通幾	
18	《中國哲學範疇精粹叢書——天》	張立文主編	臺北：七略出版社，1996 年 11 月，第九章，頁 335～343。	方以智天本無天的思想	
19	《中國哲學範疇精粹叢書——心》	張立文主編	臺北：七略出版社，1996 年 11 月，第九章，頁 311～320。	張懷承撰：方以智的心爲萬物之所以	
20	《中國儒家學術思想史》	劉蔚華、趙宗正主編	濟南：山東教育出版社，1996 年 12 月，第四十三章，頁 1393～1396。	方以智思想通論	
21	《明遺民九大家哲學思想研究》	陶清	臺北：洪葉文化事業有限公司，1997 年 6 月，第十章，頁 603～684。	方以智思想通論	

22	《方以智評傳》	羅熾	南京：南京大學出版社，1998年12月。	方以智思想通論	
23	《中國歷代思想家》（十四）	王壽南主編，傅武光等著	臺北：臺灣商務印書館，1999年6月更新版，張永堂撰，〈方以智〉頁309～402。據其（臺灣大學歷史學研究所博士論文，1977年6月）增改而成。	博士論文，方以智思想通論	
24	《石濂大汕與澳門禪史——清初嶺南禪學史研究初編》	姜伯勤	上海：學林出版社，1999年12月，中篇，第四章，頁134～147。	論石濂大汕與方以智的思想	
25	《中國哲學範疇精粹叢書——變》	張立文主編、向世陵著	臺北：七略出版社，2000年4月，第九章，頁314～320。	方以智的變化和變常思想	
26	《明遺民的莊子定位論題》	謝明陽	臺北：國立臺灣大學出版委員會，2001年10月，第三章，頁97～148。（臺灣大學中國文學研究所博士論文，2000年6月）	博士論文，明末莊子學議題	
27	《中國思想史》全二冊	韋政通	臺北：水牛圖書出版事業有限公司，2001年11月13版第1刷，下冊，第四十二章，頁1305～1332。	方以智思想通論	
28	《象數易學》	張其成	北京：中國書店，2003年6月，第二章，頁134。	明清象數學	
29	《中國思想史綱》	侯外廬主編	臺北：五南圖書出版公司，1993年9月，第十五章第一節，頁371～381。	方以智思想通論	
30	《清初易學》	汪學群	北京：商務印書館，2004年11月，第一章，頁73。	明遺民的宋易學	
31	《方以智與《周易時論合編》考》	彭迎喜	廣州：中山大學出版社，2007年6月。（中國社會科學院博士論文，1998年）	上編，方以智事跡與著述雜考；下編，《周易時論合編》小考	
32	《方以智與明清哲學》	蔣國保	合肥：黃山書社，2009年10月。	論述方以智哲學及其學術考證與質疑	

33	《青天無處不同霞:明末清初三教會通管窺》	徐聖心	臺北:臺大出版中心,2010年2月,第二章,頁45〜75;第五章,頁159〜182。	覺浪道盛與方以智「火・爐・土・均」說,王夫之與方以智「應病予藥」喻／辯	
四、小學類　　未尋獲					○
五、科學類					
1	《第一頁與胚胎——明清之際的中西文化比較》	陳衛平	上海:上海人民出版社,1992年4月,第三章第一節,頁142〜162。	方以智論西學的「質測」和「通幾」	
2	《耶穌會士與中國科學》	樊洪業	北京:中國人民大學出版社,1992年12月,第四章,頁131〜142。	從《物理小識》看方以智	
3	《清初士人與西學》	徐海松	北京:東方出版社,2000年12月,第七章,頁256〜277。	方以智的質測之學與西學觀	
4	《明末清初(1582〜1687)的格物窮理之學:中國科學發展的前近代形態》	尚智叢	成都:四川教育出版社,2003年5月,第六章,頁239〜270。(北京大學科學與社會研究中心博士論文,2002年7月)	博士論文,桐城方氏學派研究	
六、社會類及其他					
1	《明末清初的學風》	謝國楨	北京:人民出版社,1982年6月。	明末清初學術風氣的轉變及其他史事	
2	《方以智・茅元儀著述知見錄》	任道斌編	北京:書目文獻出版社,1985年4月。	著作彙編與簡介	
乙、期刊與論文集(依照各分類的出版年月遞增排列)					
序號	期刊名或論文發表篇名	作者	出處、年月、頁碼	要旨	備註
一、文學類					
1	〈方以智和陶詩手卷及全文——觀王雪艇先生舊藏方以智手書長卷跋言——〉	方豪	《東方雜誌》復刊,第7卷第7期,1974年1月,頁26〜29。	方以智〈和陶詩〉前十首校記及收錄後十首全文	
2	〈方以智詩論初探〉	汪祚民	《安慶師範學院學報》(社會科學版),1997年第2期,頁9〜14。	方以智詩學研究	★

3	〈明遺民覺浪道盛與方以智「怨」的詩學精神〉	謝明陽	《東華人文學報》第 3 期，2001 年 7 月，頁 433～462。	方以智「怨」的詩學精神	
4	〈藥地愚者大師之詩學源流及旨要論考——以「中邊說」為討論中心——〉	廖肇亨	《佛學研究中心學報》第 7 期，2002 年 7 月，頁 257～293。	考察方以智詩學源流並且以「中邊說」為中心，檢視其詩學理論的特色。	
5	〈論方以智詩學思想的文化美學特色〉	方錫球	《文學評論》，2005 年第 1 期，頁 60～72。	方以智詩學中的文化美學特色：「中邊言詩」、詩妙關鍵、文化聲律論、文學道藝論。	★
二、史學類					
1	〈明季桐城中江社考〉	朱倓	《中央研究院史語所集刊》第 1 本第 2 分，1971 年 1 月再版，頁 251～265。	明季桐城中江社成員介紹與相關史事	
三、哲學類					
1	〈方以智和他的思想〉	容肇祖	《嶺南學報》第 9 卷第 1 期，1948 年 12 月，頁 97～104。	方以智思想通論	
2	〈方以智——中國的百科全書派大哲學家（上篇）：論啓蒙學者方以智的悲劇生平及其唯物主義思想〉	侯外廬	《歷史研究》第 6 期，1957 年 6 月，頁 1～21。	方以智的唯物主義思想及其生平的悲劇性矛盾	
3	〈方以智——中國的百科全書派大哲學家（下篇）〉	侯外廬	《歷史研究》第 7 期，1957 年 7 月，頁 1～25。	方以智的自然科學及其無神論思想	
4	〈方以智《物理小識》的哲學思想〉	張德鈞	《哲學研究》（月刊）1962 年第 3 期，1962 年 5 月，頁 60～71。	方以智的自然科學及其唯物主義的世界觀	
5	〈《東西均》中「合二而一」的原意和實質〉	李愼儀	《哲學研究》（雙月刊）1965 年第 3 期，1965 年 5 月，頁 53～58。	言《東西均》的成書及「合二而一」的矛盾融合論、循環論、相對論。	

6	〈方以智與王夫之〉	張永堂	《書目季刊》第 7 卷第 2 期，1972 年 12 月，頁 65～78。	論方王二氏的交往、二人對逃禪一事的看法以及方氏的科學成就。	
7	〈關于方孔炤《周易時論合編》的發現〉	冒懷辛	《中國哲學史研究》第 1 期，1980 年 12 月，頁 122～128。	方氏父子思想通論	
8	〈方以智哲學範疇體系芻議〉	蔣國保	《江淮論壇》（雙月刊），1983 年第 5 期，頁 89～95。	論方以智思想中「太極」的邏輯展開及其內涵	
9	〈方以智的「合二而一」新論〉	蔣國保	《哲學研究》（月刊）第 10 期，1983 年。		※
10	〈關於方以智的本體論與方法論〉	張岱年、陳來撰	《江淮論壇》（雙月刊），1984 年第 2 期，頁 77～85。	方以智思想中氣一元論的唯物主義	
11	〈方以智倡三教歸「易」論〉	王煜	《中國文化月刊》第 56 期，1984 年 6 月，頁 30～39。	論方以智易學與儒釋思想的關係	
12	〈從程朱到老佛——論方以智哲學的唯心主義和形而上學特徵〉	馬數鳴	《江淮論壇》（雙月刊），1985 年第 1 期，頁 75～83。	論方以智的客觀唯心主義哲學	
13	〈關於方以智和中國傳統哲學思想的討論〉（致楊向奎論學書簡）	冒懷辛	《歷史研究》（雙月刊）第 1 期，1985 年 2 月，頁 33～60。	主要論方以智思想的「公因在反因中」及桐城方氏學派的情況	
14	〈論方以智哲學思想的科學基礎〉	冒懷辛	《哲學研究》（月刊）第 10 期，1985 年 10 月，頁 70～73。	言方以智思想中樸素唯物主義及無神論觀點	
15	〈方孔炤〔周易時論合編〕一書的主要思想〉	張永堂	《國立成功大學歷史學系歷史學報》第 12 期，1985 年 12 月，頁 179～225。（收錄於氏著，《明末方氏學派研究初編——明末理學與科學關係試論》，第一篇，頁 1～72。)	方孔炤易學思想通論：是書的編撰經過、宇宙論、認識論等。	
16	〈方以智的知識學〉	顧毓民	收錄於輔仁大學哲學研究所出版，《哲學論集》第 25 期，1991 年，頁 181～192。	方以智的知識學問題和解決方向	
17	〈方以智《易》學思想散論〉	蔣國保	收錄於《周易研究論文集》第三輯，（北京：北京師範大學，1990 年 5 月），頁 489～503。	桐城方氏學派簡介及方以智《易》學思想的特色	

18	〈方以智的易學與醫學〉	蔣國保	《中國文化月刊》第 149 期，1992 年 3 月，頁 4～21。	論方以智以卦配脈、臟來說明「易醫相通」的思想。	
19	〈方以智的道家觀〉	羅熾	《中國哲學史》第 1 期，1992 年 3 月，頁 91～96。	言方以智《藥地炮莊》中的托孤說、救世說、化迹論。	
20	〈評王夫之論方以智〉	蔣國保	《中國文化月刊》第 163 期，1993 年 5 月		※
21	〈方學漸思想初探〉	張永堂	《大陸雜誌》第 93 卷第 4 期，1996 年 10 月，頁 15～36。	論方學漸的明善之學、崇實之學及「藏陸於朱」等思想。	
22	〈黑格爾的先行者——方以智《東西均·三徵》解疏〉	龐樸	《中國文化》第 14 期，1996 年 6 月，頁 4～21。	方以智《東西均·三徵》的注疏	★
23	〈方以智由儒入佛之檢視〉	謝仁眞	收錄於《華梵大學第二次儒佛會通學術研討會論文集》，1997 年 10 月，頁 156～172。（另刊載於《哲學與文化》，2005 年 11 月，頁 5～24。）	論方以智儒佛會通思想，主張方氏的儒釋合一論是通過「圓∴說」來完成。	網路版
24	〈方以智哲學思想的特點〉	方任安	《安慶師院社會科學學報》第 2 期，1997 年。	方以智哲學思想的歷程：早期是唯物主義，後期是唯心主義。	◎ ★
25	〈《周易時論合編》的作者問題〉	彭迎喜	《清華大學學報》（哲學社會科學版），第 13 卷第 4 期，1998 年，頁 66～73。	《周易時論合編》的作者考證問題	
26	〈方以智坎坷人生對其哲學思想的影響〉	陳松郭	《安慶師院社會科學學報》，第 17 卷第 1 期，1998 年 2 月，頁 11～14。	方以智青年時期的辯証思想及晚年《東西均》中唯心主義與形而上學的觀點	★
27	〈方以智《性故》芻議〉	蔣國保	《中國哲學》第 5 期，1998 年 7 月，頁 104～109。（亦載於《安慶師院社會科學學報》第 17 卷第 1 期，1998 年 2 月，頁 5～10。）	《性故》一書的考證及主張方以智的性說，屬於「性一元論」。	★

28	〈覺浪道盛初探〉	日・荒木見悟著、廖肇亨譯	《中國文哲研究通訊》第 9 卷第 4 期，1999 年 12 月，頁 77～94。	論覺浪道盛的禪學思想與方以智思想的交涉	
29	〈方以智《一貫問答》芻議〉	蔣國保	《安慶師範學院學報》（社會科學版）第 19 卷第 4 期，2000 年 8 月，頁 47～52。	《一貫問答》一書的考證及主張方以智「眞一貫」思想	★
30	〈方以智思想中「不落有無」與境界超越的問題〉	謝仁眞	收錄於《華梵大學第五次儒佛會通學術研討會論文集》，2001 年 4 月，頁 381～391。	方以智「不落有無」的思想及其境界超越	網路版
31	〈秩序變化同時——方以智易學中的時間觀念〉	謝仁眞	《淡江大學中文學報》第 7 期，2001 年 6 月，頁 173～196。	談方以智易學中的時間觀念	
32	〈方以智集大成思想與 21 世紀中西文化會通〉	周勤勤	收錄於方克立主編，《中國傳統哲學的現代詮釋——第十二屆國際中國哲學大會論文集之二》，（北京：商務印書館，2003 年 6 月），頁 685～705。	論方以智的「集大成」思想與∴說，以及三教歸易的主張。	
33	〈讀《東西均注釋》札記〉	楊儒賓	《古今論衡》第 10 期，2003 年 12 月，頁 49～59。	對龐僕《東西均注釋》中的注疏商榷	
34	〈略論方以智的太極觀——從「一兩之辨」看方以智「一在二中」、「合二則無一」的思想方式〉	韓・金演宰	《雲南大學學報》（社會科學版）第 2 卷第 5 期，2003 年，頁 35～40。	論方以智的太極觀及「一在二中」的命題	★
35	〈方以智「均」、「易」哲學關系探析〉	周勤勤	《中國社會科學院研究生院學報》，2003 年第 6 期，頁 11～17。	方以智「均」、「易」的哲學關系	★
36	〈方以智《東西均》矛盾思想探析〉	田海艦	《河北大學學報》（哲學社會科學版）第 28 卷第 4 期，2003 年 12 月，頁 67～69。	《東西均》矛盾思想：「合二而一」、「交輪幾」等。	★
37	〈方以智與桐城方氏學派〉	蔣國保	《中國文化月刊》第 280 期，2004 年 4 月，頁 56～82。	桐城方氏學派研究：成員介紹及論方以智《易》學思想特色。	

38	〈藥地生死觀論析——以《東西均》與《藥地炮莊》為討論中心〉	廖肇亨	收錄於鍾彩鈞、楊晉龍主編，《明清文學與思想中之主體意識與社會——學術思想篇》，（臺北：中央研究院中國文哲研究所，2004 年 12 月），頁 211～244。	《東西均》與《藥地炮莊》中的生死觀	
39	〈儒門別傳——明末清初《莊》《易》同流的思想史意義〉	楊儒賓	同上，頁 245～289。	方以智《莊》《易》合流的思想	
40	〈試論方以智的治學精神與方法〉	牛雲龍	《青島職業技術學院學報》第 17 卷第 4 期，2004 年 12 月），頁 41～44。	方以智的唯物思想	★
41	〈淺談中國哲學的會通現象與問題：由方以智的會通論談起〉	謝仁真	收錄於《國科會哲學學門 86～92 研究成果發表會》，2005 年 3 月，頁 1～20。（抽印本，尚未出版）	方以智的會通論：以「集大成」為會通的理想	
42	〈方以智《藥地炮莊》之「以禪解莊」〉	邱敏捷	《南大學報》（人文與社會類），2005 年 4 月，頁 37～54。	《藥地炮莊》以禪解莊的內涵	
43	〈方以智的人性論：至善統善惡——初探遺民心靈的超越途徑〉	謝仁真	收錄於《「臺灣與遺民儒學：1644 與 1895」學術研討會論文集》，2005 年 9 月 8 日，頁 1～13。（抽印本，尚未出版）	方以智思想中「至善統善惡」的人性論	
44	〈天崩地解與儒佛之爭：明清之際逃禪遺民精神圖像的衝突與融合〉	廖肇亨	同上，頁 1～28。（抽印本，尚未出版）	逃禪遺民思想	
45	〈易圖講座第四十二講——明代的易圖：方以智的《圖象幾表》〉	郭彧	資料來源：http://www.confucius2000.com/zhouyi/42fyzdtxjb.htm。	方以智《圖象幾表》概述	◎網路版
46	〈方以智「∴說」解析〉	周勤勤	《中國社會科學院研究生院學報》，2005 年第 5 期，頁 94～102。	方以智「∴說」中的本體論思想、辯証法思想、方法論、集大成與三教合一思想。	★

47	〈火・爐・土・均—覺浪道盛與無可弘智的統攝之學〉	徐聖心	《臺大佛學研究》第 14 期，2007 年 12 月，頁 119〜158。(收錄於氏著，《青天無處不同霞：明末清初三教會通管窺》，臺北：臺大出版中心，2010 年 2 月，第二章，頁 45〜75)	覺浪道盛與方以智「火・爐・土・均」說	
48	〈藥地愚者禪學思想蠡探——從「眾藝五明」到「俱鎔一味」〉	廖肇亨	《中國文哲研究集刊》第 33 期，2008 年 9 月，頁 173〜203。	方以智禪學思想	
49	〈方以智三教道一論的特色及其體知意義〉	蔡振豐	《臺灣東亞文明研究學刊》第 7 卷第 1 期(總第 13 期)，2010 年 6 月，頁 155〜200。	方以智三教道一論	
四、小學類					
1	〈《通雅》詁訓述略〉	關童	《浙江大學學報》(人文社會科學版)，1994 年第 1 期，頁 115〜121。	探討《通雅》的訓詁概說	★
2	〈《通雅》：雅學的輝煌〉	石雲孫	《安慶師範學院學報》(社會科學版)，1997 年第 2 期，頁 2〜8。	探討《通雅》與雅學的關係	★
3	〈談方以智對同源詞的研究〉	田恒金	《湖北民族學院學報》(哲學社會科學版)第 18 卷第 3 期，2000 年，頁 85〜88。	探討《通雅》的同源詞	★
4	〈方以智《通雅》與歷史語言學〉	周遠富	《南通師範學院學報》(哲學社會科學版)，2002 年第 4 期，頁 76〜80。	探討《通雅》的語言學	★
5	〈方以智《通雅》謎語考〉	朱冠明	《辭書研究》，2003 年第 4 期，頁 135〜140。	探討《通雅》的謎語內容	★
6	〈方以智《通雅》「因聲求義」的實踐〉	楊建忠	《黃山學院學報》第 6 卷第 1 期，2004 年 2 月，頁 68〜74。	探討《通雅》「因聲求義」的實踐	★
7	〈《通雅》與古韻分部〉	周遠富	《古漢語研究》，2005 年第 2 期，頁 38〜43。	探討《通雅》與古韻分部問題	★
五、科學類					
1	〈方密之先生之科學精神及其《物理小識》〉	方竑	《文藝叢刊》第 1 卷第 2 期，1934 年，頁 179〜199。(收錄於《中國哲學史資料選集》清代之部)		○
2	〈揭暄在物理學上的貢獻〉	李迪	《自然雜誌》，1979 年第 3 期，頁 184〜188。		○

3	〈方以智科學哲學思想初探〉	顏澤賢	《哲學研究》（月刊）第 8 期，1984 年 8 月，頁 63～69。	論方以智的質測與通幾之學，及其科學認識論	
4	〈對《方以智科學哲學思想初探》的質疑〉	蔣國保	《哲學研究》（月刊）第 2 期，1985 年 2 月，頁 62～68。	對顏澤賢一文的商榷（見上篇），並且提出方以智思想衍變的三個時期的看法：早期的唯物論→中期心物調和的二元論→晚期的客觀唯心論。	
5	〈明末清初方氏學派之成立及其主張〉	馮錦榮	收錄於日·山田慶兒主編，《中國古代科學史論》（京都：京都大學人文科學研究所，1989 年 3 月），頁 139～219。（台大總圖館藏）	桐城方氏學派研究：成員介紹、哲學及自然科學等思想的主張。	
6	〈方以智的自然觀〉	劉君燦	收錄於《第三屆科學史研討會彙刊》，1994 年 3 月，頁 129～136。	論方以智的氣類思想和格物方法：質測與通幾	
7	〈方中通及其《數度衍》──兼論明清之際納白爾、哥白尼、開普勒、伽利略等人之曆算作品在華流播的情形──〉	馮錦榮	《論衡》第 2 卷第 1 期（總第 3 期），1995 年 6 月，頁 123～204。（中研院傅斯年圖書館中文期刊室館藏）	論方中通《數度衍》的版本，及其「數度觀」與治學經歷。	
8	〈方以智「通幾」與「質測」管窺〉	關增建	《鄭州大學學報》（哲學社會科學版），1995 年第 1 期，頁 11～14。	主張方以智的「通幾」並非等同於哲學，僅屬一種哲學活動，有著大小概念的差異。	
9	〈明末清初士大夫對《崇禎曆書》之研究〉	馮錦榮	《明清史集刊》第 3 卷，1997 年 6 月，頁 145～198。	探討《崇禎曆書》的編纂、李天經的貢獻和方孔炤的《崇禎曆書約》	
10	〈試析方以智的科學觀〉	蓋瑞忠	《嘉義師院學報》第 11 期，1997 年 11 月，頁 579～602。	探討方以智的思想概觀，言其自然觀、認識論、方法論。	

11	〈方以智的實證認識觀〉	吳海生	《安慶師院社會科學學報》1997 年第 2 期，頁 21～24。	探討方以智的唯物主義認識論思想	★
12	〈論「質測」與「通幾」之學的本義〉	鄭萬耕	《哲學研究》2001 年第 7 期，頁 35～40。	探討方氏父子關於質測與通幾之學的論述，是建立在「太極即在有極中」、「道寓於器」和「即費知隱」的理論思維之上。	★
13	〈明末清初方以智的地學知識〉	劉昭民	收錄於《第六屆科學史研討會：『科技的公共認知與新世紀科技研究的角色』研討會論文彙編》，2002 年 3 月，頁 55～63。	論方以智《物理小識》中的地學知識	
14	〈關於方以智的宇宙觀的辨證〉	金隆德	收錄於《中國哲學》第 5 輯，北京：生活・讀書・新知三聯書店，1981 年 1 月，頁 274～288。	探討方以智的宇宙觀：一種認為是「氣」或「火」的唯物主義一元論，一種認為是以精神為本原的唯心主義。	
15	〈方以智的格致觀〉	馮錦榮	《明清史集刊》，出版年月不詳		※

六、社會類及其他

1	〈方以智年譜〉	方鴻壽	收錄於《藝文志》第 2 輯，太原：山西人民出版，1983 年 10 月。（中研院文哲所獨缺第 2 輯）		※
2	〈關於方以智的晚年社會活動〉	冒懷辛	收錄於《清史論叢》第 3 輯，出版年月不詳		※

丙、學位論文（依照各分類的出版年月遞增排列）

序號	論文名稱	作者	出處及日期	要旨	備註
一、文學類					
1	《明末清初の文藝思潮と佛教》	廖肇亨	東京大學大學院人文社會系研究科博士論文，2001 年 4 月。	明末清初文學思潮與佛教的交涉	※

| 2 | 《方以智「中和」詩學思想研究》 | 江淑蓁 | 彰化師範大學國文學系碩士論文，2010 年。 | 方以智「中和」本體詩學與「中邊皆甜」的詩法創作論 | |

二、史學類

| 1 | 《方以智研究初編》 | 張永堂 | 臺灣大學歷史學研究所近代史組碩士論文，1973 年 5 月。 | 方以智思想通論 | |

三、哲學類〔註2〕

1	《方以智「藥地炮莊」中的儒道思想研究》	李素娓	臺灣大學中國文學研究所碩士論文，1976 年 6 月。	論方以智《藥地炮莊》中的儒道思想	
2	《方以智的生平與思想》	張永堂	臺灣大學歷史學研究所博士論文，1977 年 6 月。	方以智思想通論	
3	《明末清初遺民逃禪之風研究》	廖肇亨	臺灣大學中國文學研究所碩士論文，1994 年 5 月。	明遺民逃禪的時代議題	
4	《方以智哲學方法學研究》	謝仁眞	臺灣大學哲學研究所博士論文，1994 年 6 月。	論方以智哲學方法學	
5	《方以智《東西均》思想研究》	劉浩洋	政治大學中國文學研究所碩士論文，1997 年 6 月。	方以智《東西均》思想	
6	《方以智《藥地炮莊》思想研究》	李宛玲	中興大學中國文學研究所碩士論文，1998 年 6 月。	方以智《藥地炮莊》思想	
7	《方以智「統泯隨」思想之比較研究》	張凝（大陸）	北京大學哲學系碩士論文，2000 年 5 月。		○
8	《方以智三教合一思想研究》	彭俊豪（新加坡）	新加坡國立大學中文系碩士論文，2002 年。		○
9	《從明清之際的青原學風論方以智晚年思想中的遺民心志》	劉浩洋	政治大學中國文學研究所博士論文，2003 年 7 月。	方以智晚年思想中的遺民心志	
10	《方孔炤《周易時論合編》之研究》	劉謹銘	文化大學哲學研究所博士論文，2004 年 5 月。	方孔炤《周易時論合編》研究	

〔註2〕謝明陽，《明遺民的莊子定位論題》一書，原爲臺灣大學中國文學研究所博士論文（2000 年 6 月），今已由臺灣大學出版委員會以專書出版，此處擬不重覆收錄。

11	《對方以智《東西均》中「太極」與「均」的思想意涵探討》	傅咨銘	輔仁大學哲學研究所碩士論文，2004 年 5 月。	方以智《東西均》思想	
12	《覺浪道盛禪學思想研究》	李仁展	臺灣師範大學國文研究所碩士論文，2004 年 11 月，第六章，〈道盛的影響－以方以智為中心〉，頁 113～124。	論方以智思想與道盛禪師的交涉	
13	《三教歸儒——方以智哲學思想的終極價值追求》	劉元青（大陸）	武漢大學 中文系碩士論文，2005 年 5 月。		○
14	《方以智《東西均》思想研究》	劉貽群（大陸）	武漢大學博士論文，2006 年。		○
15	《方以智三教會通思想研究》	周鋒利（大陸）	北京大學博士論文，2008 年。		○
16	《方以智儒、佛、道三教會通思想研究》	彭戰果（大陸）	山東大學中國哲學系博士論文，2009 年 3 月。	方以智三教會通思想	
17	《方以智的莊學研究－《藥地炮莊》初探》	邢益海（大陸）	中山大學哲學系博士論文，2010 年 6 月。	方以智莊學思想，以《藥地炮莊》為主	
18	《對劉蕺山、方以智、王夫之生命實踐理論之研究－從道器關係為論》	傅咨銘	輔仁大學哲學研究所博士論文，2011 年 1 月。	方以智的道器圓∴生命實踐體系	
19	《以學問為茶飯－方以智的讀書與學道研究》	李忠達	臺灣大學中國文學研究所碩士論文，2011 年 2 月。	方以智治學歷程中對讀書、學道的看法	
四、小學類					
1	《方以智《切韻聲原》研究》	黃學堂	高雄師範學院國文研究所碩士論文，1989 年 1 月。	探討《切韻聲原》	◎
2	《《切韻聲原》研究》	張小英（大陸）	山東師範大學中文系碩士論文，2002 年 4 月。	探討《切韻聲原》	○
3	《《通雅》語文學研究》	蔡言勝（大陸）	安徽大學中文系碩士論文，2002 年 5 月。	探討《通雅》的語文學	○

4	《《切韻聲原》「十二統」音系研究》	陳聖怡	中山大學中國語文學系研究所碩士論文，2004 年 11 月。	探討《切韻聲原》「時二音系」的理論	
5	《方以智語言學研究》	劉娟	山東師範大學碩士論文，2005 年 4 月。	探討方以智語言學	○
6	《方以智通雅同族詞研究》	廖逸婷	臺灣師範大學國文研究所碩士論文，2008 年 1 月。	《通雅》同族詞研究	

五、科學類

1	《中國近代史上對傳統科學的呈現——以方以智研究爲焦點》	鍾月岑	臺灣大學歷史研究所中國近代史組碩士論文，1991 年 6 月。	論方以智的科學思想，並評論梁啓超、侯外廬、李約瑟、張永堂等人的觀點。	
2	《方以智的家學與際遇對其西學之影響》	王煌文	中山大學中國文學研究所在職專班碩士論文，2004 年 7 月。	論方以智的家學及其與西學的關係。	
3	《論方以智思想中的科學精神》	方書論	蘇州大學碩士論文，2007 年。		○

六、社會類及其他

| 1 | 《明代文人結社運動的研究——以復社爲主》 | 李京圭 | 中國文化大學史學研究所博士論文，1989 年 12 月。 | 主要探討明代復社的社會運動及事蹟 | ◎ |

丁、外文資料（依照各分類的出版年月遞增排列）

序號	書（篇）名	作者	出處、年月、頁碼	要旨	備註
一、文學類未尋獲					
二、史學類未尋獲					
三、哲學類					
1	〈方以智哲學試論〉	重澤俊郎	收錄於《中國の文化と社會》第 13 輯（京都大學文學部中國哲學史研究室，1968 年）。		※
2	〈方以智〉	大濱晧	收錄於《中國的思惟の傳統－對立と統一の論理－》（東京都：勁草書房，1969 年 8 月），頁 159～172。（國圖日韓書庫館藏）	方以智思想通論	

3	〈方孔炤、方以智の「通幾」哲學の二重性－十七世紀の實學研究と易學連關の一ケース－〉	小川晴久	收錄於《日本中國學會報》第26集（東京都：早稻田大學東洋哲學研究室，1974年10月），頁198～211。（臺大總圖館藏）	論方孔炤「通幾」之學的二重性及方以智的繼承	
4	清代の思想：〈方以智－徹底した懷疑主義的思想家〉	坂出祥伸	收錄於日原利國編，《中國思想史》下冊（東京都：株式會社，1987年7月），頁260～269。（臺大總圖館藏）	方以智思想通論	
5	〈方以智の思想－方氏象數學への思索－〉	馮錦榮	收錄於《中國思想史研究》第10號（1987年度論文集）（京都大學文學部中國哲學史研究室，1987年12月），頁63～97。（國圖日韓書庫期刊類）	論《物理小識》的氣一元論及《東西均》象數說中的太極生成論	
6	Fang I-Chih"s Response to Western Knowledge（《方以智對西方知識的反應》）	Willard J. Peterson（彼得遜）	Unpublished Ph.D. dissertation, ,Harvard University,1970.（哈佛大學博士論文）		※
7	Bitter Gourd：Fang I-Chih and the Impetus for Intellectual Change（《鮑瓜：方以智與對思想革新之衝動》）	Willard J. Peterson（彼得遜）	New Haven and London：Yale University Press,1979, xiv＋228pp.〔註3〕		※
四、小學類未尋獲					
五、科學類					
1	〈方以智の思想－質測と通幾をめぐって－〉	坂出祥伸	收錄於藪內清、吉田光邦編，《明清時代の科學技術史》（京都：京都大學人文科學研究所，1970年3月），頁93～134。（臺大總圖館藏）	論方以智思想中的「物理和質測」以及「通幾和理」的關係	

〔註 3〕 此一外文書的譯名，爲王煜先生所翻譯。見氏著，《明清思想家論集》（臺北：聯經出版事業公司，1992年4月），〈讀方以智《東西均》〉，附：評介彼得遜教授《鮑瓜：方以智與對思想革新之衝動》，頁222～229引。

2	Fang I-Chih：Western Learning and the "Investigation of Things", in Theodore de baryed, The Unfolding of Neo-Confucianism	Willard J. Peterson（彼得遜）	New York：Columbia University Press, 1979, pp. 369～411.		※
3	〈若き方以智の學問と思想－「通幾」と「質測」について－〉	久富木成大	收錄於《金澤大學文學部論集——行動科學・哲學篇，第18號》，1998年，頁1～22。	論方以智思想中的「隱與通幾」和「費與質測」之關係	網路版
六、社會類及其他未尋獲					

附錄二：明王朝諸帝年號、廟號對照表

明王朝諸帝名號〔註1〕

姓　名	年　號	廟　號
1	朱元璋	洪武（1368～1398）	太祖
2	朱允炆	建文（1399～1402）	惠宗、惠帝
3	朱　棣	永樂（1403～1424）	太宗、成祖
4	朱高熾	洪熙（1425）	仁宗
5	朱瞻基	宣德（1426～1435）	宣宗
6	朱祁鎮	正統（1436～1449）	英宗
7	朱祁鈺	景泰（1450～1456）	代宗、景帝
8	朱祁鎮	天順（1456～1464）	英宗
9	朱見深	成化（1465～1487）	憲宗
10	朱祐樘	弘治（1488～1505）	孝宗

〔註1〕見美・牟復禮、英・崔瑞德編，《劍橋中國明代史》（北京：中國社會科學出版社，1992年2月），頁2。註明「★」號者，表示由本文所增列者，原文未載任何內容。

11	朱厚照	正德（1506～1521）	武宗
12	朱厚熜	嘉靖（1522～1566）	世宗
13	朱載垕	隆慶（1567～1572）	穆宗
14	朱翊鈞	萬曆（1573～1620）	神宗
15	朱常洛	泰昌（1620）	光宗
16	朱由校	天啓（1621～1627）	熹宗
17	朱由檢	崇禎（1628～1644）	懿宗（毅宗）、思宗、懷宗、莊烈帝
18	愛新覺羅・福臨	順治（1644～1661）	清世祖★

南明朝

	姓　　名	年　　號	廟　　號
19	朱由崧	弘光（1644 年 6 月～1645 年 6 月）	安宗（南京）
20	朱聿鍵	隆武（1645 年 8 月～1646 年 10 月）	紹宗、（福州唐王）
21	朱常淓	潞簡王監國（1645 年 6 月）	無★
22	朱由榔	永曆（1646 年 12 月～1662 年 1 月）	無（肇慶自立桂王）★ 被吳三桂所殺
23	朱聿𨮁	紹武（1646 年 12 月）	無（廣州自立唐王）★
24	朱以海	魯監國（1645 年 8 月～1653 年）	無

附錄三：方以智家世表

　　據本文所蒐羅關於方以智的家世表共有三種版本，分別是學者任道斌、張永堂、謝正光三人所撰，今按照其出版時間的先後排列之。

　　再者，經由本文相互比對三者的內容可知，張永堂先生的簡表中所從缺的「2」、「3」之人名即是「方秀實」與「方謙」二人（據任道斌撰），可謂補足其闕漏之處。另外，對於方以智後裔的考察上，以張氏的簡表爲勝長，而對於方以智祖先支流的考察上，則以謝氏的簡表爲詳實。

（一）任道斌所製作的「方氏世系簡表」〔註1〕

方德益－方秀實（元朝彰德主簿）－方謙（元朝望亭巡檢）

－方丹（元朝宣撫使）－方法（明朝四川都司斷事）－方懋－方琳

－方印（明朝浙江天台知縣）－方敬－方祉（明朝郡庠生）

－方學漸（明朝鄉貢士）

－方大鎮（明朝大理寺左少卿）

－方孔炤（明崇禎朝湖廣巡撫）

－方以智（明崇禎朝進士、翰林院編修、定王講官；永曆朝曾拜爲內閣大
學士，雖不就，人亦以「閣老」稱之）

┌─ 方中德
├─ 方中通
└─ 方中履

（二）張永堂先生所製作的「方氏世系簡表」〔註1〕

1 德益公→ 2？→ 3？→ 4 宣使公→ 5 法→ 6 懋→ 7 琳→ 8 印→9 敬→

10 祉→11 學漸→ 12 大鎮→ 13 孔炤→ 14 以智→

┌─15 中德
├── 中通
└── 中履→ 16 正→ 17 張登→ 18 賜豪→ 19？→ 20 寶仁

→ 21 昌翰

〔註1〕 見氏著，《方以智年譜》，（合肥：安徽教育出版社，1983 年 6 月），頁 1。其
中，任氏按曰：「參《康熙安慶府桐城縣志》、《道光續修桐城縣志》、馬其昶
《桐城耆舊傳》、方昌翰《桐城方氏七代遺書》、方以智《合山樂廬詩‧慕述》。
方以智後裔，僅列子輩，孫輩見後文，不贅述。」

〔註1〕 張永堂指出：「方以智的家世自先世德益公遷來安徽桐城樅陽定居，至清末方
昌翰爲二十一世。」見王壽南主編、傅武光等著，《中國歷代思想家》（十四）
（臺北：臺灣商務印書館，1999 年 6 月更新版），氏撰〈方以智〉，頁 319。

（三）謝正光先生所製作的「方氏家族表」〔註2〕

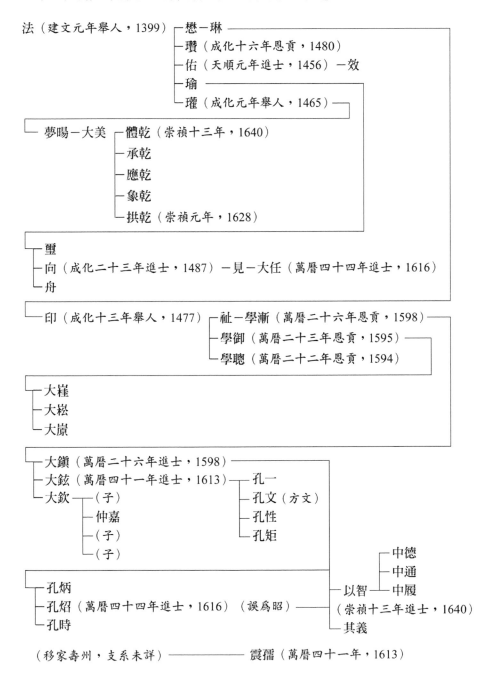

法（建文元年舉人，1399）─ 懋─琳
　　　　　　　　　　　　─ 瓚（成化十六年恩貢，1480）
　　　　　　　　　　　　─ 佑（天順元年進士，1456）─效
　　　　　　　　　　　　─ 瑜
　　　　　　　　　　　　─ 瓘（成化元年舉人，1465）

　　　夢暘─大美　─體乾（崇禎十三年，1640）
　　　　　　　　　─承乾
　　　　　　　　　─應乾
　　　　　　　　　─象乾
　　　　　　　　　─拱乾（崇禎元年，1628）

　　─璽
　　─向（成化二十三年進士，1487）─見─大任（萬曆四十四年進士，1616）
　　─舟

　　─印（成化十三年舉人，1477）　─祉─學漸（萬曆二十六年恩貢，1598）
　　　　　　　　　　　　　　　　　─學御（萬曆二十三年恩貢，1595）
　　　　　　　　　　　　　　　　　─學聰（萬曆二十二年恩貢，1594）

　　─大崔
　　─大崧
　　─大嶺

　　─大鎮（萬曆二十六年進士，1598）
　　─大鉉（萬曆四十一年進士，1613）─孔一
　　─大欽─（子）　　　　　　　　　─孔文（方文）
　　　　　─仲嘉　　　　　　　　　─孔性
　　　　　─（子）　　　　　　　　─孔矩
　　　　　─（子）

　　　　　　　　　　　　　　　　　　　　　　　─中德
　　　　　　　　　　　　　　　　　　　　　　　─中通
　　─孔炳　　　　　　　　　　　　　　─以智　　─中履
　　─孔炤（萬曆四十四年進士，1616）（誤爲昭）─（崇禎十三年進士，1640）
　　─孔時　　　　　　　　　　　　　　─其義

（移家壽州，支系未詳）───── 震孺（萬曆四十一年，1613）

〔註2〕見氏著，《清初詩文與士人交遊考》（南京：南京大學出版社，2001年9月），
　　　　〈附錄〉。按：紀元部分爲本文所增列者，原文未載。

附錄四：方以智年譜簡表 〔註1〕

明神宗 萬曆三十九年， 辛亥（1611） 一歲	1.十月生於安徽桐城，祖父方大鎮用《易傳·繫辭上傳》:「蓍之德 　圓而神，卦之德方以知」之意命名方以智。十月望曾祖父方學漸 　自東林書院講學歸來，故乳名東林。 2.前一年，冒襄生（1610～1693）、黃宗羲生（1610～1695）。 3.前一年，耶穌會士利瑪竇卒（1552～1610）。
明神宗 萬曆四十年， 壬子（1612） 一足歲	1.祖父方大鎮按河南事未竣，移疾歸。 2.東林巨擘顧憲成卒（1550～1612）；友人錢秉鐙生（1612～1694）。
明神宗 萬曆四十一年， 癸丑（1613） 兩歲	1.夫人潘翟（1611～？）生，潘氏乃潘映婁女。 2.妹方子耀生（1613～1684）。 3.五月，顧炎武生（1613～1682）。
明神宗 萬曆四十三年， 乙卯（1615） 五歲	1.曾祖父方學漸卒（1540～1615）。 2.明代三大高僧之一憨山德清過桐城訪方以智外祖父吳應賓。 3.明儒鄒元標於青原山建五賢祠，並移儒學會館於淨居寺外。 4.重振淨土宗之明末三大高僧之一蓮池袾宏圓寂（1535～1615）。
明神宗 萬曆四十四年， 丙辰（1616） 六歲	1.父方孔炤中進士，在京師。祖父方大鎮寄家書訓勉之。
明神宗 萬曆四十五年， 丁巳（1617） 七歲	1.隨父至四川嘉定州任所。 2.明末四公子之一侯方域生（1617～1654）。
明神宗 萬曆四十六年， 戊午（1618） 八歲	1.好友詩文名家施閏章生（1618～1682）。

〔註1〕　上列方以智年表的內容，主要參考劉君燦，《方以智》（臺北市：東大圖書股
　　　　份有限公司，1988年8月），〈方以智年表〉，頁123～139引，以及羅熾，《方
　　　　以智評傳》（南京市：南京大學出版社，1998年12月），〈附錄：方以智年表〉，
　　　　頁399～427引。須說明者，本文已將所引用的內容作若干的修改，尤其與方
　　　　以智生平較無關係者，則有所刪減。

明神宗 萬曆四十七年， 己未（1619） 九歲	1.隨父至福建福寧州知州任所，親炙熊明遇先生論西學物理，頗受啓發。 2.好友王夫之生（1619～1692）。 3.弟方其義生（1619～1649）。
明神宗 萬曆四十八年， 庚申（1620） 十歲	1.父方孔炤於任所爲方大鎮作〈寧澹語跋〉。
明熹宗 天啓二年， 壬戌（1622） 十二歲	1.母吳令儀卒（1593～1622）。 2.祖父方大鎮改按京畿。上奏方學漸之〈治平十二箴〉。並與鄒元標、馮從吾講學首善書院。 3.方孔炤陞職方司員外郎。
明熹宗 天啓三年， 癸亥（1623） 十三歲	1.隨父方孔炤在都。 2.劉洪謨爲方大鎮《寧澹語》撰〈讀桐川方魯嶽先生論學序〉。 3.明末三大高僧之一憨山德清圓寂（1546～1623）。
明熹宗 天啓四年， 甲子（1624） 十四歲	1.方孔炤以忤閹黨崔呈秀削籍。方大鎮亦因璫禍筮得同人於野，歸里講學。 2.好友寧都魏禧生（1624～1680）。
明熹宗 天啓五年， 乙丑（1625） 十五歲	1.方孔炤陞江西贛州兵備。 2.詔毀天下講學書院，東林書院亦被毀。
明熹宗 天啓六年， 丙寅（1626） 十六歲	1.方大鎮作〈霧澤軒誡〉以明講學宗旨。 2.東林巨擘高攀龍卒（1562～1626）。 3.泰西金尼閣撰述之西方語音學之《西儒耳目資》刊刻。
明熹宗 天啓七年， 丁卯（1627） 十七歲	1.方以智與妻潘翟結婚。 2.方以智從學於老師王宣（1565～1654）。
明思宗 崇禎元年， 戊辰（1628） 十八歲	1.居桐城，與周歧、孫臨讀書澤社。冬，撰〈史漢釋詁序〉。

明思宗 崇禎二年， 己巳（1629） 十九歲	1.妹方子耀適孫臨。 2.居金陵，爲蘇桓序《薊西雜詠》。 3.方以智爲二姑媽方維儀撰〈清芬閣集跋〉。 4.方以智曾祖母卒（1544～1629）。 5.方以智好機械之學，是年曾作木牛流馬。
明思宗 崇禎三年， 庚午（1630） 二十歲	1.方以智慕司馬遷二十歲即遊天下，遂亦東遊江淮吳越。遊西湖與 　陳子龍、李雯訂交。遊吳則訪瞿式耜。 2.結識錢澄之。
明思宗 崇禎四年， 辛未（1631） 二十一歲	1.居桐城，讀書於澤社，撰〈爲揚雄與桓譚書〉。 2.爲老師王宣梓《物理所》，並開始撰著《物理小識》。 3.方大鎮以盧母墓過傷而卒（1562～1631）。爲此方孔炤盧墓白鹿三 　年，廣家傳易學，而成《周易時論》。
思宗宗 崇禎五年， 壬申（1632） 二十二歲	1.方以智遊吳回桐，勸錢秉鐙脫離中江社，阮大鋮逐銜之。 2.在杭與陳子龍、周立勛、徐孚遠、顧開雍等雲間才子交友。 3.長子方中德（1632～1708？）已生。
明思宗 崇禎六年， 癸酉（1633） 二十三歲	1.方以智至金陵訪何如寵，請爲撰〈稽古堂初集序〉。並往訪陳弘緒、 　張自烈。 2.劉城、蘇桓爲方以智撰〈九將序〉。 3.好友熊人霖過桐城，與方以智會於稽古堂。
明思宗 崇禎七年， 甲戌（1634） 二十四歲	1.桐城民變起，始流寓金陵，顏所居曰「膝寓」，其隨筆稱《膝寓隨 　筆》。 2.老師王宣因桐城民變而離桐歸里（金谿）。 3.外祖吳應賓卒（1565～1634）。 4.方孔炤盧墓在鄉，乃佐縣官，平定民亂。 5.次子方中通（1634～1698）已生。
明思宗 崇禎八年， 乙亥（1635） 二十五歲	1.流賊圍桐，孫臨亦避居金陵。 2.方以智居金陵，並有東越之遊。
明思宗 崇禎九年， 丙子（1636） 二十六歲	1.方以智居金陵，秋觀濤日，參與桃葉渡大會，並爲魏學濂作〈血 　書孝經題辭〉。 2.冬，方以智回桐城，並與孫臨有射壇之遊。 3.流賊李自成克和州，陳兵江浦，南京震動。

明思宗 崇禎十年， 丁丑（1637） 二十七歲	1.方以智居金陵，作〈七解〉以喻志，並因父病而始學醫。
明思宗 崇禎十一年， 戊寅（1638） 二十八歲	1.方以智隨父至楚撫任所，後回桐，欲邀錢秉鐙至金陵共事，以時 　事危急未果，復回楚。 2.顧杲等人在金陵出〈留都防亂公揭〉以逐阮大鋮，阮氏誣方以智 　爲幕後主謀。 3.方以智《流寓草》九卷刻於此年前後。 4.方以智集學醫所得，撰成《醫學》。 5.幼子方中履（1637～1689）已生。
明思宗 崇禎十二年， 己卯（1639） 二十九歲	1.山東濟南城陷，大姑方孟式與姑父張秉文殉難。 2.方以智作〈醫學序〉。 3.方以智與明末四公子之一的冒襄識於金陵，並爲襄言董小宛名。 4.黃宗羲鄉試南京病瘧，方以智爲之切脈診斷。 5.孫臨大會諸伎於方以智秦淮水閣。 6.方以智中鄉式，出座師余颺之門。
明思宗 崇禎十三年， 庚辰（1640） 三十歲	1.正月，方孔炤以撫楚事敗入獄，與黃道周同在西庫，朝夕論易不 　輟。 2.三月，方以智上〈請代父罪疏〉，以殿試在即不獲請。 3.方以智奉命於建極殿參加殿試，中第二甲第五十四名進士。父方 　孔炤在獄中。作《激楚》爲父申冤。
明思宗 崇禎十四年， 辛巳（1641） 三十一歲	1.方以智撰〈通雅自序〉。 2.黃道周作〈方密之屢索易象正未之敢授愛謝乃翁仁植詩〉。 3.初秋，父方孔炤免死得釋，計在獄中一年八閱月。 4.方以智撰〈文章薪火〉〈顧瞻噫〉〈小學大略〉〈音義雜論〉〈此藏 　軒音義雜說〉〈采石文昌三臺閣碑記〉。
明思宗 崇禎十五年， 壬午（1642） 三十二歲	1.方以智在京師言河洛之數，另出新義，黃宗羲贊之。 2.方以智撰〈通雅又序〉、〈讀書類略〉，並爲張自烈撰〈字彙辨序〉。
明思宗 崇禎十六年， 癸未（1643） 三十三歲	1.父方孔炤應召入都，上〈蕘蕘小言〉十二策。 2.方以智撰〈通雅凡例〉、〈物理小識自序〉、〈周易時論後跋〉。

明思宗 崇禎十七年， 南明福王 弘光元年， 清世祖 順治元年， 甲申（1644） 三十四歲	1.正月，方孔炤受命以都察院右僉都御史總理河北山東；二月又命以原官兼理軍務督同廣大二道就近禦防。 2.正月二十四日，方以智上〈請纓疏〉，請辭講職，改任兵部，以兵曹參謀出聯鎮協，以便父子枕戈，君父同報，但終不獲請。 3.二月初三日，召對德政殿，方以智提四策。終因忤相而未果用。 4.三月十九日，李自成陷北京，方以智哭於東華門被捕。三月二十九日押入。四月十二日乘間逃出，棄妻子南奔。五月朔抵清浦，十月抵南都。擬疏報賊狀，未能上達。九月馬阮亂政，大捕東林復社黨人，方以智雖列名其中，已先奉父命出相隱地，旋即歷臺宕，入太姥而漂流百粵，變姓名，行醫為生。
南明福王 弘光二年， 唐王 隆武元年， 清世祖 順治二年， 乙酉（1645） 三十五歲	1.方以智變姓名，賣藥市中，五月為同年進士南海參議姚奇胤所遇，遂館姚署中。並作〈寄李舒章（雯）書〉，言北都陷後患難經過。 2.遇瞿式耜，頗多唱和。 3.隆武即位於閩，詔方以智入朝，婉謝之。
南明唐王 隆武二年， 清世祖 順治三年， 丙戌（1646） 三十六歲	1.得座師余颺信，有〈丙戌元月雨中得余虞之房師書詩〉一首。 2.秋，其妻與幼子方中履奉父方孔炤命南來，相會於南海，有〈妻孥至詩〉。 3.永曆帝即位肇慶，方以智以擁戴功擢左中允，為經筵講官，與司禮太監王坤不合，遂掛冠而去，自此不入班行。 4.方以智作〈書通雅綴集後〉。 5.十二月十五日，清兵入廣州，永曆帝離肇慶西奔。
南明桂王 永曆元年， 清世祖 順治四年， 丁亥（1647） 三十七歲	1 二月，命方以智以翰林學士為東林閣大學士入閣辦事，方以智疏辭。 2.二月十五日隨帝至全州，奔靈川，入夫夷山。四月以劉承胤自全陽刦駕入武岡，遂棄家孤隱，變姓名，六月至阮，七月入蘭地天雷苗。此一年三易其姓名。
南明桂王 永曆二年， 清世祖 順治五年， 戊子（1648） 三十八歲	1.覺浪道盛禪師（1592～1659）至桐城樅陽（方孔炤曾與論道）。並因文字中有「明太祖」字樣，作文字獄。 2.方以智流離至楚中洞口，上〈四辭請罪疏〉，多回桂林，依吳德操，旋即隱居平樂平西山，並上〈請修史疏〉。 3.方以智的老師王宣卒（1565～1648）

南明桂王 永曆三年， 清世祖 順治六年， 己丑（1649） 三十九歲	1.方以智隱居平樂平西山，詔使龔之鳳來，上〈六辭入直疏〉 2.弟方其義卒（1619～1649）。
南明桂王 永曆四年， 清世祖 順治七年， 庚寅（1650） 四十歲	1.十月平樂陷，閏十一月方以智為清將馬蛟麟所執，寧死不仕異姓。 2.好友瞿式耜與張同敞被執同殉。
南明桂王 永曆五年， 清世祖 順治八年， 辛卯（1651） 四十一歲	1.清將馬蛟麟因見方以智堅貞不屈而釋之。方以智逃禪梧州，先在 冰井寺，五月至大雄寺，後至雲蓋寺，法名行遠。 2.在冰井寺作〈和陶飲酒詩〉二十首，又作〈神鬼變化總論〉。
南明桂王 永曆六年， 清世祖 順治九年， 壬辰（1652） 四十二歲	1.施閏章奉使廣西，於三月抵桂林，與方以智訂交雲蓋寺，並同遊 冰井寺，有〈同施尚白遊冰井詩〉一首。 2.方以智與施閏章越梅嶺北上，有〈七月同施尚白入南華詩〉一首， 並同遊匡廬。 3.訪熊魚山（開元）於廬山，有〈贈漚舍靜主詩〉一首。 4.於廬山五老峯作〈東西均記〉〈向子期與郭子玄書〉〈惠子與莊子 書〉。
南明桂王 永曆七年， 清世祖 順治十年， 癸巳（1653） 四十三歲	1.回桐城省親於白鹿山莊，因皖開府李芄贈以袍帽，遂表示逃禪的 決心，並在李芄建議下，至天界寺禮覺浪道盛為師。 2.閉關高座寺竹關，受大法戒。覺浪為作〈破籃莖草頌〉並為作〈莊 子提正〉，後來因之成《藥地炮莊》。 3.方以智閉關後撰〈象環寤記〉，表明三教合一的主張。
南明桂王 永曆八年， 清世祖 順治十一年， 甲午（1654） 四十四歲	1.佛界五燈嚴統之爭起，方以智認為係門戶派系之爭，故欲聽其自 息。 2.長子方中德持方孔炤《周易時論》三易稿至竹關省侍。方以智雖 閉關，仍主張三教歸易，頗窮究《易》理。 3.好友錢秉鐙來訪，冒襄亦來訪。 4.父方孔炤撰〈周易時論合編凡例〉。 5.明末四公子之一侯方域卒（1617～1654）。 6.明末三大高僧之一蕅益智旭圓寂（1598～1654）。

南明桂王 永曆九年， 清世祖 順治十二年， 乙未（1655） 四十五歲	1.秋，父方孔炤病卒（1591～1655）。 2.方以智聞訊自竹關破關，奔喪桐城治父喪，廬墓於合明山之變廬，故稱「變廬大師」。 3.廬墓期間方以智令三子德、通、履續成方孔炤《周易時論合編》未竟之業。
南明桂 王永曆十年， 清世祖 順治十三年， 丙申（1656） 四十六歲	1.《周易時論合編》完成。
南明桂王 永曆十一年， 清世祖 順治十四年， 丁酉（1657） 四十七歲	1.方以智命子方中德、方中通至秦淮探冒襄病。 2.笑峰大然禪師入主青原山淨居寺。
南明桂王 永曆十二年， 清世祖 順治十五年， 戊戌（1658） 四十八歲	1.撰〈周易時論又跋〉。 2.至寧都訪魏禧兄弟易堂諸子。 3.在江西新城壽昌寺，有〈寄青原笑和尙〉七古，賀笑峰大然禪師七十壽。笑峰建青原毘盧閣成。
南明桂王 永曆十三年， 清世祖 順治十六年， 己亥（1659） 四十九歲	1.在新城大寒山壽昌寺，寧都魏禧求訪。 2.九月七日，覺浪道盛卒於金陵，笑峰自青原奔浪公喪，訪方以智於竹關。
南明桂王 永曆十四年， 清世祖 順治十七年， 庚子（1660） 五十歲	1.在新城廩山寺，建橐山塔院。 2.笑峰大然禪師卒於金陵，返青原山。方以智至青原爲笑峰視塔基。 3.次子方中通來省侍，幼子方中履有省親詩，方以智遣長子中德往福建訪座師余颺，余氏爲《周易時論合編》撰序。 4.黃宗羲遊匡廬，有〈玉川門與雁山夜話兼寄方密之詩〉。 5.始撰《藥地炮莊》，申托孤之論，批注《莊子》，會莊於孔。 6.魏禧來訪。

南明桂王 永曆十五年， 清世祖 順治十八年， 辛丑（1661） 五十一歲	1.方以智在廩山，好友魏禧偕林時益（碻齋）賣茶新城來訪，魏、 　林有〈與桐城三方書〉。 2.弘庸撰〈炮莊序〉。
南明桂王 永曆十六年， 清聖祖 康熙元年， 壬寅（1662） 五十二歲	1.方以智應涂萬年居士之請，入主新城廩山之安福寺，並改名南谷 　寺。 2.春，方以智自廩山至青原為笑公封塔。 3.三月望後一日施閏章行部至青原，有〈遊青原山記〉。施閏章與方 　以智自順治九年廬山分手之後，重晤於青原，有〈浮山吟〉七古。 　臘月八日施閏章三遊青原，有〈青原即事〉七絕。 4. 夏四月，永曆帝為吳三桂逼死於昆明，皇太子遇害，晚明政權遂 　告結束。 5.于藻始任廬陵縣令。 6.友人何三省、徐芳等發起募捐印行《通雅》。
清聖祖 康熙二年， 癸卯（1663） 五十三歲	1.方以智在廩山南谷寺，後應于藻之請自新城入主青原淨居寺。 2.幼子方中履省親青原，並至泰和春浮園向蕭孟昉借書，是方中履 　與蕭孟昉（伯升）相交之始。
清聖祖 康熙三年， 甲辰（1664） 五十四歲	1.笑峰大然禪師二子倪震來迎骨靈歸，方以智為建衣缽塔於青原， 　次年始成。 2.座師余颺應施閏章之請來青原講學，師生相會。 3.此番集會吳、楚、閩、粵諸士儒、為官者、出家者，齊聚一堂， 　相互詰難，開王陽明以來之新局面。方以智在會上，闡發儒釋一 　家之論。 4.刊刻《藥地炮莊》《物理小識》，蕭伯升為之鐫版並撰序，于藻於 　《物理小識》亦有序。
清聖祖 康熙四年， 乙巳（1665） 五十五歲	1.在青原淨居寺，二月二十三日為父方孔炤設靈位，並於母忌日燒 　香。 2.座師余颺回閩，撰〈寄藥地尊者〉。
清聖祖 康熙五年， 丙午（1666） 五十六歲	1.《通雅》刊行；姚文燮撰〈通雅序〉、〈通雅凡例六則〉。 2.藥樹堂成，撰〈藥樹堂碑銘〉，友人孫晉來訪青原，撰〈藥樹堂碑 　文〉，方以智並為上堂說法。 4.晦山戒顯（王元翰）來訪，為撰〈炮莊序〉，方以智並為上堂說法。 5.冬為淨居寺置寺田八契。 6.《物理小識》脫稿付梓，《浮山後集》編成。座師余颺為《藥地炮 　莊》作序。

清聖祖 康熙六年， 丁未（1667） 五十七歲	1.好友王夫之作〈遙歸青原宓大師詩〉一首。 2.幼子方中履自桐城至青原學道，方中通返桐城。 3.《周易時論》、《物理小識》、《藥地炮莊》刻成。
清聖祖 康熙七年， 戊申（1668） 五十八歲	1.友人李元鼎來訪青原，與方以智同遊三疊泉，並有〈遊漱青三疊詩〉 2.方以智二姑方維儀卒（1585～1668）。 3.好友王夫之有〈得青原書詩〉一首。
清聖祖 康熙八年， 己酉（1669） 五十九歲	1.《青原志略》成，施閏章於南浦客舍撰〈青原山志略序〉，于藻亦撰〈青原山志略序〉。 2.於青原始建法蔭堂，次年竣工。 3.次子方中通、幼子方中履二人侍方以智於青原山。
清聖祖 康熙九年， 庚戌（1670） 六十歲	1.方以智年六十，四方好友爲文稱壽，施閏章有〈無可大師六十序〉，寧都易堂諸子亦以詩文稱壽，由邱邦士撰〈木立師六十壽卷跋〉。 2.方以智於十一月初一日辭青原淨居寺，退居泰和首山陶庵之大悲閣，青原諸法侄仍爲築烹雪堂。 3.幼子方中履五月去桐城，九月返青原，重過蕭孟昉硯鄰居所，爲撰〈硯鄰偶存序〉或〈泰和蕭氏世集總序〉。 4.方以智有書招王夫之逃禪，然王夫之婉謝並答以七律一首。 5.徐芸、張貞生撰〈天界覺浪道盛禪師全錄序〉。方以智撰〈杖人全集跋〉似亦在此年或次年。
清聖祖 康熙十年， 辛亥（1671） 六十一歲	1.春，李鶴鳴遊青原，應方以智之請，撰〈天界浪杖人全錄序〉。 2.夏，清廷構難，蕭伯升複壁圖存未果，周亮工亦救之，安徽按察使佟國楨營救方氏父子及家屬，秋殉節萬安縣惶恐灘，方中履與中千賢公在側。方中通在桐城就逮，方中履守喪萬安。 3.（或云）冬，十月七日，方以智自廬陵南解途中，舟次萬安惶恐灘。是夜風浪忽作，小舟顛簸不已，方以智因背患癰疽不支而卒。臨終前，手授研《易》殘編於方中履。一代哲人辭世。

附錄五：桐城方氏學派著作表——「方氏學派關係人物著作見在表」〔註1〕

說　明

一、本表悉以明、清時代刻本、原抄本（寫本）爲紀錄對象。

二、活字排印本、影印本（寫眞本）、及日本刻本（和刻本）不在紀錄之列。

三、叢書之較爲通行者（如：《昭代叢書》），概不註明所在圖書館。

四、所在圖書館僅以國內外漢籍典藏較著名之重點圖書館爲紀錄對象。掛一漏萬，在所難免。

五、除根據所在圖書館刊行有關漢籍或中文善本目錄之外，尚有多處從學者專著、論文中徵知所在者。茲因篇幅關係，有關目錄、論文一概從署。

六、圖表略例

　　（一）人物方面俱按人名、生卒年、學歷（如進士及第年）、黨社關係、籍貫等順序排列。如：方孔炤（1591〜1655）萬曆四十四年進士，東林黨人，桐城。

　　（二）著作方面則按書名（附卷數）、存佚情況、所收叢書、四庫存目（略號 S）、採進書目（略號 C）、禁書（略號 J）等順序排列。如：《周易時論合編》二十三卷　存　S　C

　　（三）所在圖書館之略號如下：

　　　　中國國家圖書館（中圖）〔註2〕

　　　　上海圖書館（上海圖）

　　　　安徽圖書館（安圖）

　　　　安徽博物館（安博）

　　　　安慶圖書館（安慶圖）

〔註 1〕 見馮錦榮，〈明末清初方氏學派之成立及其主張〉，收錄於日・山田慶兒主編，《中國古代科學史論》（京都：京都大學人文科學研究所，1989 年 3 月），〈附：方氏學派關係人物著作見在表〉，頁 206〜219 引。

〔註 2〕 原作北京圖書館（北圖），今更名爲中國國家圖書館（中圖）。

湖北省圖書館（湖北圖）

浙江圖書館（浙圖）

蘇州圖書館（蘇州圖）

中國科學院圖書館（科學院）

中國科學院自然科學史研究所（自然科史）

中國社會科學院哲學研究所（社科院哲）

中國社會科學院歷史研究所（社科院史）

北京大學圖書館（北大圖）

北京師範大學圖書館（北師圖）

台灣國家圖書館（國圖）〔註3〕

台灣國立故宮博物院（故宮）

台灣中央研究院傅斯年圖書館（傅圖）〔註4〕

東京國立國會圖書館（國會）

東京尊經閣文庫（尊經閣）

東京內閣文庫（內閣）

東京靜嘉堂文庫（靜嘉堂）

東京東洋文庫（東洋）

東京大學東洋文化研究所（東大東文所）

京都大學人文科學研究所（京大人文研）

東京大學文學部圖書館（東大文）

京都大學附屬圖書館（京大圖）

京都大學文學部圖書館（京大文）

仙臺東北大學圖書館（東北圖）

大阪關西大學圖書館（關西大）

大阪武田科學振興財團杏雨書屋（杏雨）

美國普林斯頓大學葛思德東方圖書館（普大）

法國巴黎法蘭西學院圖書館（法蘭西學院）

〔註3〕原作台灣國立中央圖書館（中圖），今更名爲台灣國家圖書館（國圖）。

〔註4〕原簡稱爲（中研院），今更名爲（傅圖）。

1、方學漸（1540～1615）郡諸生，桐城。

著作（附卷數）	存（所收叢書）　SCJ	所在圖書館（附個人收藏）
《易蠡》十卷		
《東游記》	存（七代遺書）	安圖，東洋
《心學宗》四卷	存　SC	安圖，東大文
《桐彝》三卷續二卷	存　　C	北圖，安圖，靜嘉堂
		京大人文研
《性善繹》	存（七代遺書）	安圖，東洋
《邇訓》二十卷	存　　C	安圖，北師圖，中研院
		尊經閣，京大人文研
《庸言》	存（七代遺書）	安圖，東洋
《桐川語》		
《桐川語錄》		
《桐川會言》		
《北游記》		
《南游記》		
《七解》		
《二解》		
《一言》		
《百二銘》		
《崇實會記》		
《崇本堂稿》		
《孝經繹》		
《先正編》		
《詩續》		
《連理堂集》		
《歸去吟》		

2、方大鎮（1560～1631）萬曆十七年進士，桐城。

《易意》四卷		
《田居乙記》四卷	存（寶顏堂祕笈）SC	安圖，中圖，靜嘉堂，尊經閣，內閣，東大東文研 ，京大人文研，東北圖，京大文
《荷薪義》八卷	存　SC	內閣
《寧澹居奏議》	存（七代遺書）	安圖，東洋
《寧澹語》	存（七代遺書）	安圖，東洋
《寧澹居遺文》	存（七代遺書）	安圖，東洋
《寧澹居詩集》十三卷		
《寧澹居文集》四卷	存	安慶圖，中研院
《居敬論》六篇		
《家史》		
《山居紀事》		
《顯忠錄》		
《野同錄》		
《幽忠錄》		
《性論・至善講義》		
《桐川講義》		
《陽明雜錄》		
《仕學肤言》		
《縻爵昌言》		
《問斯錄》		
《詩意》		
《禮說》		
《荷薪別集》		
《連理集》		
《正蒙述讚》		
《永思錄》		
《歸逸篇》		

3、**方鯤**（方大鎮弟，年八十卒）少為諸生，桐城。

《易盪》二卷	SC	

4、**方孔炤**（1591～1655）萬曆四十四年進士，東林黨人，桐城。

《周易時論合編》二十三卷	存 SC	社科院哲，內閣，尊經閣，京大圖
《職方舊草》	存（七代遺書）	安圖，東洋
《撫楚疏稿》	存（七代遺書）	安圖，東洋
《撫楚公牘》	存（七代遺書）	安圖，東洋
《知生或問》	存（七代遺書）	安圖，東洋
《西庫隨筆》	存（七代遺書）	安圖，東洋
《芻蕘小言》	存（七代遺書）	安圖，東洋
《全邊略記》十二卷	存　J	安圖，北師圖，中圖，尊經閣，內閣，東大東文研，京大人文研，京大文，關西大，東北圖
《環中堂文集》十四卷	J	
《環中堂詩集》六卷	J	
《詩經永論》		
《易論》		
《過庭論》		
《尚書世論》二卷		
《春秋竊論》二卷		
《禮記節論》		
《庸書》		
《黃石言》		
《出師中表》		
《抱一齋當問》		
《不佞集》		
《畿輔屯墾節要》		
《四書當問》		
《學易中旁通》		
《保障二議》		
《勘楚節鈔》		
《知言鑑》		
《明善述》		
《金陵誡子書》		
《潛草》		
《白鹿山集》		

5、方以智（1611～1671）崇禎十三年進士，附設成員，桐城。

《東西均》	存	安博
《象環寤記》	存	安博
《易餘》上下卷	存	安博
《藥地炮莊》九卷總論三卷	存　C	安博，中研院，靜嘉堂，尊經閣
《冬灰錄‧五位綱宗》	存	安圖
《青原愚者智禪師語錄》四卷	存（《嘉興藏》）	中圖
《周易時論合編（圖象幾表）》二十三卷	存　SC	社科院哲，內閣，尊經閣，京大圖
《物理小識》十二卷	存　C	社科院史，北師圖，故宮，內閣，靜嘉堂，東大東文研，京大人文研，京大文，東北圖，京大圖，杏雨
《通雅》五十二卷　首三卷	存　C	社科院史，北圖，故宮，內閣，尊經閣，靜嘉堂，京大文，關西大
《浮山文集前編》十卷	存　J	北圖，湖北圖，中研院
《浮山文集後編》二卷	存　J	浙圖，湖北圖
《浮山此藏軒別集》二卷	存	安博，浙圖，湖北圖
《膝寓信筆》	存（七代遺書）	安圖，東洋
《博依集》十卷	存	北圖，北大圖
《流寓草》九卷	存	北大圖，社科院史
《瘁訊》	存（《方密之詩抄》三卷）	北圖
《瞻旻》	存（《方密之詩抄》三卷）	北圖
《流離草》	存（《方密之詩抄》三卷）	北圖，臺灣故方豪先生藏抄本
《浮山後集‧無生寱》	存	安博，臺灣故方豪先生藏抄本
《浮生後集‧借廬語》	存　J	安博，臺灣故方豪先生藏抄本
《浮生後集‧鳥道吟》	存	安博，臺灣故方豪先生藏抄本
《一貫問答》	存	安博

《信葉》	存		安博
《性故》（《此藏軒會宜編》）	存		安博
《合山巒廬占》	存		安博
《五老約》	存	J	安博
《正葉》	存		安博
《藥集》	存	J	安博
《四韻定本》	存	J	安博
《醫學會通》	存		安博
《明堂圖說》	存	J	安博
《內經經絡》	存	J	安博
《青原（山）志略》十三卷	存		上海圖，安博，北師圖，內閣，靜嘉堂，京大圖，普大，法蘭西學院
《廬墓考》	存	J	安博
《印章考》	存		東大東文研，東大人文研

附 1：方昌翰、方存理、方鴻壽〈方以智撰述書目〉

　　《此藏軒尺牘》《稽古堂詩文集》《鼎薪》《正韻箋補》《經考》《學易綱宗》《易籌》《諸子燔痏》《四書約提》《漢魏詩風》《陽符中衍》《旁觀鐸》《太平鐸》《烹雪錄》《平衡》《一學緣起》《離經小辨》《噓寶一解》《旁通一概》《異外閒談》《稽古堂雜錄》《此藏軒文集》《此藏軒詩集》《浮山日衹》《浮山別拈》《浮山雜緒》《浮山別集》《不改居稿》《激楚》《詩話》《詩詞淺說》《古今詩風》《宋詩廣》《正韻字綱》《正韻》《新議三十篇》《名山游》《平應》《復蛹》《交格》《醫集引》《醫方大略》《醫丹》《運氣約幾》《刪補本草》《脉參》《過庭錄》《史論》《天地眼》《末泥鶻》《活師尾》《（浮山）聞錄》《（閑窗）土苴》《錦纏玉》《杖門隨集》（榮按，疑即《天界覺浪盛禪師全錄》所附《杖門隨集〔嘉興藏所收〕）《書啓》《自序篇》《三游詩》《稽古堂社義》《魷勝》《三教書》《墨寒》《全眼》《炮綱》《抉擇法眼》《鬱輪袍》《史疑》《史斷》《六說公證》《浮廬藥游》《破藍》《雜碎》《制藝》《物理小識補遺》一卷

附 2：冒懷辛編〈方以智著作中所見其他撰述〉

　　《不改居默記》《史紬》《爾雅注》《周禮（注）》《此藏軒音義雜說》《交論》《好色》《好貨》《史漢釋詁》《五言古詩》《姓氏抄》《養生約抄》《曼寓草》

《龍眠淺說》《禹書經天合地圖》（榮按，此圖為游藝《天經或問前集》〔日本江戶時代享保 15 年西川正休訓讀本〕所收）《聞見略記》《經學編》《圖考》《寂歷圖》《∴說》

附 3：〈他人著作中所見方以智其他撰述〉

《蓬庵集》　《蘭溪曉月吟》　《傳燈正宗冊》

6、方其義（方以智弟，1619～1650）補邑庠生，桐城。

《時術堂遺詩》	J	

7、方中德（方以智長子，1632～？），桐城。

《古事比》五十三卷	存　C	安圖，內閣，東大東文研，京大人文研
《尚論參觀》		
《邃上居稿》十卷		
《易爻擬論》		
《性理指歸》		
《經學撮抄》		

8、方中通（方以智次子，1633～1698），桐城。

《數度衍》二十三卷首三卷	存　C	安圖，浙圖，自然科史，故宮，北師圖，靜嘉堂，京大人文研，東北圖
《音韵切衍》二卷		
《篆隸辨從》二卷		
《心學宗續編》四卷		
《陪古》三卷	存	北圖
《陪詩》七卷	存	北圖
《陪詞》一卷	存	北圖
《陪翁續集》（續陪）四卷	存	北圖
《隨衍室印譜》（陪印）		
《揭方問答》	存	科學院
《周易深淺說》		
《四藝略》		

9、方中履（方以智三子，1638～1689），桐城。

《古今釋疑》十八卷	存 CJ	蘇州圖，中研院，內閣
		京大人文研，京大文
《汗青閣文集》七卷	存（七代遺書）	安圖，東洋
《切字釋疑》一卷	存（昭代叢書）	

10、方中發（方其義子，1639～？）以監貢授職，桐城。

| 《白鹿山房詩集》十五卷 | 存 | 北圖 |

11、方正瑮（方中德長子），桐城。

| 《稽古篇詩文集》 | | |

12、方正璹　（方中德子），廩貢生，桐城。

《義史》		
《題衣錄》		
《杜詩淺見》		
《管見錄》		
《百結縣》		
《鶉莊集》		

13、方正珌（方中德子），縣學生，桐城。

14、方正玉（方中德子），清朝縣令，桐城。

15、方正玢（方中德子），雍正二年舉人，擢福州同知，桐城。

16、方正瑹（方中通長子），桐城。

| 《四書深淺說》 | | |
| 《培風詩文集》 | | |

17、方正珠（方中通次子），康熙三十一年明經，桐城。

| 《乘除新法》（附《數度衍》之後） | | |

18、方正琇（方中通四子），桐城。

| 《篆字匯》 | | |
| 《潤齋詩文集》 | | |

19、方正瑒（方中通五子），桐城。

《原始經緯》		
《音義類稿》		
《韻學考》		
《五峰詩文集》		
《集字詩》		
《詩話》		

20、方正瑗（方中履子，1687～？），康熙五十九年舉人，桐城。

《方齋小言》一卷	存（七代遺書）	安圖，東洋
《方齋關西講堂客問》一卷	存（七代遺書）	安圖，東洋
《方齋補莊》一卷	存（七代遺書）SC	安圖，東洋
《方齋文集》一卷	存	安圖
《連理山人詩鈔》一卷	存	安圖
《連理山人全集》		

21、戴移孝，安徽和縣。

《碧落後人詩》	J	

22、黃虞稷（1629～1691），康熙十七年舉博學鴻詞，泉州晉江。

《千頃堂書目》三十二卷	存（《適園叢書》）C	北圖（藏清吳騫校抄本），靜嘉堂，東大東文研，京大人文研，京大文，東北圖
《明史藝文志稿》十四卷	存（《明史》只收其原稿之半）	
《徵刻唐宋祕本書目》	存（《觀古堂書目叢刻》）	國會，內閣，東大東文研，京大人文研，京大文，東北圖
跋呂中撰《皇朝大事記》九卷《皇朝中興大事記》四卷附錄一卷	存	中圖
《我富軒詩集》		

23、揭暄（約 1614～1697），南明唐王朱聿鍵職方司主事，江西廣昌。

《璇璣遺述》七卷	存（《刻鵠齋叢書》）　SC	國會，京大文，東北圖
《性書》		
《昊書》八卷	存	參見雷夢水《古書經眼錄》（87 頁）
《兵經》（《兵經百篇》）	存	東北圖（藏清抄本）
《戰書》		
《二懷篇》		
《道書》		
《帝王紀年》		
《天人問答》		
《禹書》		
《星圖》		
《星書》		
《水注》		
《火法》		
《輿地圖》		
《兵法紀畧》十卷	存	京大人文研
《揭子宣集》	存	科學院

24、吳雲，吉安安福。

《天門易學》		
《學舫》	C	
《靈谷寺志》十六卷	C	

25、中千賢公，吉安泰和。

《首山偶集》		

26、滕楫，徽州婺源。

27、郭林，吉安泰和。

《仁樹樓別錄》（《青原志略》所收）	存	
〈陪集・序〉（方中通《陪集》所收）	存	

28、左銳，桐城。

《仁樹樓別錄》（《青原志略》所收）	存	
〈中五說〉（《青原志略》所收）	存	
〈公因反因說〉（《青原志略》所收）	存	

29、胡映日，江西南昌。

30、游藝，福建建陽。

《天經或問前集》	存　SC	北師圖，故宮，內閣，靜嘉堂，東北圖
《天經或問後集》	存　SC	北師圖，靜嘉堂
《詩法入門》四卷	存	日本藪內清教授藏上海文瑞樓鉛印本

31、吳應賓（1564～1634）萬曆十四年進士，桐城。

《古本大學釋論》五卷		
《中庸釋論》十二卷		
《性善解》一卷		
《悟眞篇》		
《方外遊》		
《采眞稿》		
《學易齋集》		
《宗一聖論》二卷	C	

32、王宣（？～1648）補郡弟子員，江西金谿。

《龍馬言》		
《物理所》		
《龍舒詩集》		
《等韵切法通》		
《張長沙傷寒論註》		
《金剛兒訓》		

《風姬易溯》五卷	SC	
《天人慧鑰》		
《易象玄同》		
〈青原惜陰卷後〉(《青原志略》所收)	存	

33、白瑜，崇禎中以歲貢生舉賢才，復社成員，桐城。

34、余颺（1603～?）崇禎十年進士，復社成員，福建莆田。

《蘆中詩文集》四十卷	存	科學院
《蘆蛣史論》		
《識小錄》		
《春秋擬似》		
《莆變紀事》一卷	存（《莆陽先賢叢書》）	北京故謝國楨教授藏傳抄本

35、左國鼎，桐城。

36、孫臨（1611～1646），桐城。

《肆雅堂集》十卷	存	參見謝國楨《江浙訪書記》（17頁）

37、陳丹衷，金陵。

38、蕭士瑋（1585～1651）萬曆四十四年進士，吉安泰和。

《汴遊錄》一卷	存 C	北圖
《大乘起信論解》一卷	C	
《南歸日錄》一卷	C	北圖，中圖
《蕭齋日記》一卷	C	北圖
《春浮園文集》二卷	存 C J	北圖
《春浮園偶錄》二卷	存 C	北圖
《（深牧庵）日涉錄》一卷	存 C	北圖
《春浮園雜錄》	存	參見謝國楨《江浙訪書記》（17頁）

39、蕭伯升（1619～?），吉安泰和。

《蕭氏世家》	SC	

附錄六：桐城方氏學派所引西學原書概況表〔註1〕

作　者	書　名	卷　目	引用或討論內容	引用之原書
方孔炤、方以智（頁264）	《周易時論合編》之《崇禎曆書約》	〈圜中〉	大地浮空不墜、五帶說、九重天說、伽利略〈天漢乃細星稠密〉說	湯若望《新法曆引》、《曆法西傳》（收入《崇禎曆書》、《泰西水法》）
		〈大圜〉	地圓說	
		〈二曜〉	日曜、月離、朦朧分、氣差、日月交食	
		〈五緯〉	托勒密的舊測與第谷的新測	
		〈日數〉、〈兩間質約〉	三際說、四行說、風雷雨電的形成	
	《周易時論合編》之《周易圖象幾表》	卷三〈三輪六合八觚圖〉	天球儀	湯若望《渾天儀說》（收入《崇禎曆書》）、李之藻《渾蓋通憲圖說》（收入《天學初函》）
游藝	《天經或問前集》	卷首〈三輪六合八觚圖〉	同上	同上
		卷首〈黃赤道南北極之圖〉	渾象圖	利瑪竇、李之藻的《乾坤體義》
		卷首〈地平受子午規之圖〉	地平受子午規之圖	李之藻《渾蓋通憲圖說》
方以智（頁265）	《物理小識》	卷一《曆類》〈圜體〉25a頁	「脬豆之喻」及實驗，即大地浮空不墜	湯若望《主制群徵》（原說出於該書，馮錦榮核查不實，出處待考。）
揭暄	《璇璣遺述》	卷一《象緯儀證》12b頁自注		
		卷二《天地懸處》5a頁		
		卷一《象緯儀證》1b頁	「天地惟一氣」及實驗，批評採用本輪和均輪的小輪系統（system of epicycle）的不全面	《崇禎曆書》
方中通	《璇璣遺述》	序		
揭暄	《天經或問前集》	序		

〔註1〕 參見尚智叢，《明末清初（1582～1687）的格物窮理之學——中國科學發展的前近代形態》，（成都：四川教育出版社，2003年5月），「第六章」，頁264～268。

揭暄	《璇璣遺述》	卷一《象緯儀證》1b、4b～5a頁	「左旋說」和「丸滾於槽」實驗，即九重天說及宗動天牽動各天體左旋之說。	利瑪竇、李之藻的《乾坤體義》
方以智	《物理小識》	卷一《天類》〈左右一旋說〉36a頁		
揭暄（頁266）	《度數衍》	卷首《外序》揭暄序		
方以智	《物理小識》	卷一《天類》〈光肥影瘦之論可以破日大於地百六十餘倍之疑〉	「光肥影瘦」，批評利瑪竇之說：太陽半徑為地球半徑的160多倍，而太陽距地球只有1600萬里。	利瑪竇、李之藻的《乾坤體義》
		卷三《人身類》	人身之骨骼、肌肉結構、人身氣血循環之經絡系統、「人之智愚，系腦之清濁」	湯若望《主制群徵》
方以智	《通雅》	卷十一《天文·曆測》〈章閏·閏法〉	比較中西置閏方法	《崇禎曆書》
		卷十一《天文·曆測》〈歲差〉	比較中西曆法中歲差的計算，認為西法精於中法，並指出西法的六條優越之處	
方中通	《度數衍》	卷首之三《幾何約》	幾何學：名目六列、度說、線說、角說、比例說、論三角、論圓、論圓內外形、論比例、論線面之比例、增題。	利瑪竇與徐光啓合譯之《幾何原本》
		卷首之三《三重學解》	此稿於康熙二十五年（1628）焚於火	鄧玉函與王徵之《遠西奇器圖說》或金尼格的《重學》。（取於後書的可能性較大，該書由王徵整理，並由薛鳳祚收入其《曆學會通》。方中通與薛鳳祚交往頗多，易取用其著作中內容。）
		卷二《筆算上》與卷三《筆算下》	筆算的加減乘除四則運算方法、分數運算	利瑪竇與李之藻的《同文算指》

		卷四《籌算》	納貝爾（John Napier）算籌用法	羅雅谷《籌算》（收入《崇禎曆書》）
		卷五《尺算》	比例規用法	羅雅谷《比例規解》（收入《崇禎曆書》）、陳藎謨《度算解》
		卷六《句股》	句股、有積、有率、容方、容圓	徐光啓《句股義》
		卷七《句股》（頁267）	測量	徐光啓與利瑪竇的《測量法義》、徐光啓的《測量異同》、利瑪竇與李之藻的《同文算指》
		卷十《少廣》〈較容〉（頁268）	方圓較容	利瑪竇《乾坤體義》、利瑪竇與李之藻的《圓容較義》
		卷十一《少廣》〈遞加〉、〈倍加〉	等差列數和等比列數	《同文算指》卷五《遞加法‧倍加法》
		卷十二《少廣》〈開平方〉	筆算開平方法和籌算開平方法	《同文算指》卷六《開平方法》、《籌算》〈開平方法〉
		卷十三《少廣》〈開立方〉	筆算開立方法和籌算開立方法	《同文算指》卷八《開立方法》、《籌算》〈開立方法〉
		卷十四《少廣》〈開三乘方‧廣諸乘方〉	四次至八次乘方、開方法	《同文算指》卷八〈廣諸乘方法〉
		卷十八《差分章》〈和較三率‧借衰互徵〉	按比例分配	《同文算指》卷三〈和較三率法〉、〈借衰互徵法〉
		卷二十《盈朒章》〈借推盈朒‧原帶盈朒〉	「盈不足術」，西方稱「疊借術」（duarum falsarum posicionum）或「增損術」（augmenti etdiminucionis appelatur）	《同文算指》卷三〈疊借互徵術〉
		卷二十三《九章外法》〈異乘同除法〉、〈同乘異除法〉、〈重測諸式〉	比例算法	《同文算指》卷一〈三率準測法〉、〈變測法〉、〈重準測法〉等

附錄七：《易餘》部分原文（轉引）

（一）《易餘》　二卷。朱彝尊《經義考》著目，但志明「未見」。安徽省博物館現藏有作者後孫捐贈的完整抄本。該抄本卷首有〈小引〉及〈三子記〉，查這二篇亦爲《浮山文集後編》卷一所收，證明抄本《易餘》不偽。抄本裝訂爲六冊，一至四冊爲上卷，目次爲：〈知言發凡〉、〈善巧〉、〈三冒五衍〉、〈資格〉、〈中告〉、〈如之何〉、〈太極不落有无說〉、〈一有无〉、〈生死故〉、〈反對六象十錯綜〉、〈時義〉、〈必餘〉、〈知由〉、〈充類〉、〈權衡經緯〉、〈絕待併待貫待〉、〈法能生道〉、〈二虛一實〉、〈體爲用本用爲體本〉、〈繼善〉、〈正身〉；五、六二冊爲下卷，目次爲：〈薪火〉、〈禮樂〉、〈孝覺〉、〈知人〉、〈世出世〉、〈約藥〉、〈中正寂場勸〉、〈曠說〉、〈通塞〉、〈无心〉、〈性命質〉、〈大常〉、〈非喻可喻〉。（見蔣國保，《方以智哲學思想研究》，（安徽：安徽人民出版社，1987年12月），頁94。）

或者參見謝仁眞：《方以智哲學方法學研究》，（臺北：國立臺灣大學哲學研究所博士論文，1994年6月）的附錄。

（二）《易餘》部分原文轉引的資料來源

1、清・方以智著、龐樸注釋，《東西均注釋》（北京：中華書局，2001年3月）。

2、蔣國保，《方以智哲學思想研究》（安徽：安徽人民出版社，1987年12月）。

3、陶清，《明遺民九大家哲學思想研究》（臺北：洪葉文化事業有限公司，1997年6月）。

4、蔣國保，〈方以智《易》學思想散論〉，收錄於黃壽祺、張善文編，《周易研究論文集：第三輯》（北京：北京師範大學，1990年5月），頁492～493。

（三）《易餘》部分原文的摘錄

〈易餘目錄〉

推論「所以」，始以一卵蒼蒼爲太極殼，充虛貫實，皆氣也。所以爲氣者，不得已而呼之，因其爲造化之原，非強造者，而曰「自然」；因爲天地人物之公心，而呼之爲「心」；因其生之所本，呼之爲「性」；無所不稟，呼之爲「命」；無所不生，呼之爲「天」；共由曰「道」；謂與事別，而可密察

曰「理」。（蔣氏《方以智哲學思想研究》，頁 157）

處處是河洛圖，處處是ｏ∴卍，行習而不著察耳。（蔣氏《方以智哲學思想研究》，頁 178）

天之變物也漸，而化物也頓；人之造變也頓，而造化也漸；因漸而頓，因變而化；造頓者，頓其漸者也；造漸者，漸其頓者也。（蔣氏《方以智哲學思想研究》，頁 227）

入世重在立一切法，以通德類性正用二中之一也，而日用不知者多矣；出世重在泯一切法，以隳掃古今，乃離二之一也，所謂偏眞但空者也；超越世出世間，止有世即出之一眞法界而餘皆呼碌磚爲古鏡者矣。不知藏正因於了因、緣因者，執向上一位，乃死法身也。（蔣氏《方以智哲學思想研究》，頁 255）

所以者何？則「故」而已矣。（蔣國保：〈方以智哲學範疇體系芻議〉，（《江淮論壇》，1983 年第 5 期），頁 94）

〈易餘·目錄·通塞〉

蜎生蜋白，葭管飛灰，聖人以此洗精神，不以此畫鬼魅也。（龐樸《東西均注釋·三徵》，頁 62，注 5）

〈小引〉

自喪其軀，自磨其髓。（蔣氏《方以智哲學思想研究》，頁 186）又見蔣國保：〈方以智哲學範疇體系芻議〉，（《江淮論壇》，1983 年第 5 期），頁 95）

不二不一之存泯同時。（蔣氏《方以智哲學思想研究》，頁 200）

不因不濟，何用《易》耶？！（蔣氏《方以智哲學思想研究》，頁 206）

兩不立而踞其最巔，仍是涓蜀梁之影。（蔣氏《方以智哲學思想研究》，頁 209～210）

掩對待之二，所以巧于逼見至體之一也。（蔣氏《方以智哲學思想研究》，頁 212）

究竟絕待在對待中，即用是體，豈有離二之一乎？（蔣氏《方以智哲學思想研究》，頁 212）

絕之與待也，亦相對也，中統邊，邊皆中，即日无中邊而已矣。（蔣氏《方以智哲學思想研究》，頁 212）

盡化知變。（蔣氏《方以智哲學思想研究》，頁 226）

不能而望其成能。（龐樸《東西均注釋‧公符》，頁 101，注 5）

因二、圍三、旋四、中五。（龐樸《東西均注釋‧東西均開章》，頁 20，注 3）

〈小引〉篇末

筮餘之繇曰：爰有一人，合觀烏兔在旁之中，不圜何住？無人相似，矢口有自。（按：亦射「大明方以智」數字）（龐樸《東西均注釋‧東西均記》，頁 25，注 3）

〈三子記〉

角艸鼓篋，即好曠覽，而湛思之；長博學，治文辭；已，好考究；已，好物理，已，乃讀《易》。（蔣氏〈方以智《易》學思想散論〉，頁 148）

兩間日新日故，故又生新，其本无新故者，即日新而无已者也。（蔣氏《方以智哲學思想研究》，頁 222）

何木非火，妄鑽不發，不鑽不發，無絮苦以承之，猶妄鑽也；无薪膏續之，猶不鑽也。（蔣氏《方以智哲學思想研究》，頁 224～225）

01〈知言發凡〉

總不厭別，約不厭詳。（蔣氏《方以智哲學思想研究》，頁 215）

柯爛者，沉死水。（龐樸《東西均注釋‧反因》，頁 92，注 5）

02〈善巧〉

別行總攝，全奪全予。（蔣氏《方以智哲學思想研究》，頁 215）

心自本无。（蔣氏《方以智哲學思想研究》，頁 236）

善因非倚，善隨非依。大徹者之脫體無依，即至誠之固德無依也。（龐樸《東西均注釋‧三徵》，頁 60，注 5）

言物，則人、物一也。言良知，則人貴于禽獸矣。言致良知，則聖人所以異于凡民也。表一「致」，而乳萬世于立法窮理矣；表一「良」而寂萬世于尊德盡性矣；表一「知」，而養萬世于至命統天矣。（龐樸《東西均注釋‧盡心》，頁 72，注 4）

惟正乃能用奇，惟全乃能用偏。（導語）（龐樸《東西均注釋‧全偏》，頁 142，注 3）

肉者，俗之也；醨者，三之也。必瀹其肉而迸其醨，又瀹其醨而還其故，乃名大良。（龐樸《東西均注釋・道藝》，頁176，注2）

03〈三冒五衍〉

此《時論》所謂「太極」。（蔣氏《方以智哲學思想研究》，頁95）

器生于象，象生于數。（蔣氏《方以智哲學思想研究》，頁159）

一二三四五爲象數。（蔣氏《方以智哲學思想研究》，頁159）

數何生乎？神氣動用，无始無息，不得不然，即其本然。謂有自生乎？不能狀也；謂无自生乎？亦不能狀也，姑謂之生可矣。（蔣氏《方以智哲學思想研究》，頁170）

无外无間，无古无今，无不冒也，謂之太極。（蔣氏《方以智哲學思想研究》，頁162）

大一分爲大二。（蔣氏《方以智哲學思想研究》，頁188）

衍而長之，標（裱）而褙之，枝而叢之，……無非一在二中之三五交輪也。（龐樸《東西均注釋・三徵》，頁41，注7）

无非一在二中之三五交輪也。交液虛實，則无虛實，輪銜首尾，則无首尾，動靜之間，幾在中焉。詳則言五，約則言參，質則舉兩，盤則舉四，四用其半，參用其圍，故一不可言，言則言參兩耳。（蔣氏《方以智哲學思想研究》，頁200）

學者茌苒質論，不能開寤通論，忽遇邪異旁竊之通論，必張皇而爲所惑矣。穎者巧取通論，遂爾鄙屑質論，及舉天地本然之質論，及矜茫而欲逃之矣。（蔣氏《方以智哲學思想研究》，頁145）

直下是一開闢之費天地，標後天妙有之極，人所共睹聞也，命曰：「顯冒」；因推一混沌之隱天地標先天妙無之極，人所不可睹聞者也，命曰：「密冒」；因剔出一貫混闢之天地，標中天不落有無之太極，即睹聞非睹聞，非即非離者也，命曰：「統冒」。（蔣氏《方以智哲學思想研究》，頁147）

愚所謂一天用二地者也，言不頓彰，非三不顯，顯如斯者，安得不冒，冒安得不三乎？（蔣氏《方以智哲學思想研究》，頁146）

舉一舉二，不謂之數，將安避乎？自此而五倫、六藝、萬物、庶事，皆可睹聞之象數器也。器生于象，象生于數。數何生乎？神氣動用，无始

无息，不得不然，即其本然。謂有自生乎？不能狀也。謂无自生乎？亦不能狀也。故謂之生可矣。（〈方以智《易》學思想散論〉，頁 499）

《易》故徵其動靜之顯，而闡其交輪之幽。（蔣氏〈方以智《易》學思想散論〉，頁 502）

凡言交者，謂其互此中，而兩旁之繪皆彌也。（蔣氏《方以智哲學思想研究》，頁 198）又見陶清：《明遺民九大家哲學思想研究》，（臺北：洪葉文化事業有限公司，1997 年 6 月），頁 643。

自有至者而言之，尚非其一，何是于三，不三之三而言三，不一之一而言一，一三非三尚不三，三一之一亦何一。一不一，自非三，三不三，自非一。非一之一，非三不留；非三之三，非一不立。不立之一，本无三；不留之三，本无一，是一三本无，而无亦无矣。（蔣氏《方以智哲學思想研究》，頁 208）

无動无靜者，不必言也。惟于動靜之間，明陰陽、剛柔之交。（蔣氏《方以智哲學思想研究》，頁 220）

推論寥廓，心量表法，也泝源窮流，充類致盡。（蔣氏《方以智哲學思想研究》，頁 241）

一參乎兩之中，而兩旋爲四，猶二至旋二分，南北旋東西。（龐樸《東西均注釋·三徵》，頁 36，注 5）

實三而恆一，實一而恆三。（龐樸《東西均注釋·三徵》，頁 38，注 10）

無理無事之病，較執理執事者之病，扞格更甚。（龐樸《東西均注釋·三徵》，頁 43，注 3）

三因者，正因、了因、緣因也。（蔣氏《方以智哲學思想研究》，頁 255）

三諦者，中諦統一切法，眞諦泯一切法，世諦立一切法也。三因者，正因、了因、緣因也。三身者，法、極、化也。大慧以《中庸》首三句指之，畢矣。曰：理、行、教，曰：空、假、中，曰：眞智、內外智，曰：本覺、始覺、究竟覺，皆圓∴也。宗門三綱、三句，舉一明三，只露些子氣急瞞人。（龐樸《東西均注釋·三徵》，頁 66，注 5）

《圖》變《書》而生剋互用，《圖》體《書》用，《圖》用于《書》者也。（龐樸《東西均注釋·反因》，頁 89，注 5）

04〈資格〉

太極亦自定不離爲不落之資格。（蔣氏《方以智哲學思想研究》，頁 160）

05〈中告〉

有極反无極，有无反太極。（蔣氏《方以智哲學思想研究》，頁 171）

無非三反也。晝反夜，夜又反晝，三反也；晝夜反乎晝夜，有晝夜反乎無晝夜，無晝夜仍還晝自晝，夜自夜，此三反也；生死反乎死生，有生死反乎無生死，無生死反乎善生即善死，此三反也；有極反無極，有極反太極，太極反乎有極即無極，此三反也；正中反乎時中，時中反乎圓中，圓中大反乎鐸正中、用時中之圓中，此三反也。平公曰：「反者，翻也。」總此問者，喪吾知吾之師，但請一用。（蔣氏《方以智哲學思想研究》，頁 148）

虛空無中邊之中爲圓中，無過無不及之中爲正中，庭皇之中爲時中。（龐樸《東西均注釋・東西均開章》，頁 21，注 5）

因言時中，時者，變變不變，中者，不變而隨變者也。（蔣氏《方以智哲學思想研究》，頁 177）

中之名，借有無之邊而生，中之實，不依有無之邊而立，爲圓中。過不及因中而起，中又因過不及而起，爲正中。時者，變變不變，中者，不變而隨變，爲時中。（龐樸《東西均注釋・三徵》，頁 46，注 3）

不求中節于發之未發，而求中節于過不及之間，是鼠璞也；然執此發之未發，而定不許徵中節于過不及之間，又燕石矣。（龐樸《東西均注釋・三徵》，頁 46，注 5）

鬮茸喪骨，殘膏染脂。（龐樸《東西均注釋・盡心》，頁 77，注 3）

《釋論》曰：愚不肖，庸而不及中，嗜欲而已；賢智，過中而不庸，意見而已。然兩皆不合中庸之道。以縱嗜欲則不敢立意見，立意見則不敢縱嗜欲，忌憚故也。以意見縱嗜欲，則無忌憚之小人矣。（龐樸《東西均注釋・奇庸》，頁 138，注 1）

一曰圓中，一曰正中，一曰時中。（蔣氏《方以智哲學思想研究》，頁 177）

必明三中而中乃明，世乃可用也。一曰圓中，一曰正中，一曰時中。……言正中者，裁成表法之景圭也。言時中者，合調適節之均鍾也。言圓中

者，無體不動之天球也。知景圭、均鍾之在天球中矣，知天球之在均鍾、景圭中乎？（龐樸《東西均注釋・道藝》，頁 173，注 6）

06〈如之何〉

外皆是內，一破即通。（蔣氏《方以智哲學思想研究》，頁 248）

致知在格物，何內之而顧外之歟！在之云者，無先無後之謂也。（蔣氏《方以智哲學思想研究》，頁 249）

07〈太極不落有无說〉

「有極」與「无極」相待，輪浸而貫其中者，謂之落有，不可也；謂之落无，不可也，故號之曰「太極」。（蔣氏《方以智哲學思想研究》，頁 170）

先天翻入後天。（蔣氏《方以智哲學思想研究》，頁 171）

《易》貫寂（靜）感（動），道貫費隱。（蔣氏〈方以智《易》學思想散論〉，頁 502）

舍卦爻无太極。（蔣國保：〈方以智哲學範疇體系芻議〉，《江淮論壇》，1983 年第 5 期），頁 90）

隨言後天，泯言先天，貫（即統）言中天，中無先後而在先後中。（蔣氏《方以智哲學思想研究》，頁 258）

以不落爲尊者，外域之樓上樓耳。（龐樸《東西均注釋・三徵》，頁 35，注 2）

天地之前爲混沌，混沌之前又爲天地。（龐樸《東西均注釋・三徵》，頁 40，注 1）

百原山（邵雍）以蓍藏一，卦藏四表之；餘者暗合，各爲有也。（龐樸《東西均注釋・三徵》，頁 49，注 3）

設有三形，畫作圖象，無已而形出之耳；豈眞有屹然不壞之圖相，規規顯顯于兩畫之上哉？況又從而三之乎？然不如此形畫，則不落有無之一貫圓中，終不昭豁，而直下卦爻之太極，必汨汨日用不知矣。（龐樸《東西均注釋・三徵》，頁 66，注 7）（《易餘・太極不落有无說》）

08〈一有无〉

執有無者，執不落有無者，皆執一也。（龐樸《東西均注釋・三徵》，頁

35，注 2）

天地未分，「無」無不有；天地已分，「有」無非無。（龐樸《東西均注釋‧三徵》，頁 40，注 2）

世知根爲本，枝爲末耳。不知東君視之，枝末也，根亦末也；核之仁乃本也。芽出仁爛而枝葉皆仁，則全樹皆本也。（龐樸《東西均注釋‧三徵》，頁 48，注 2）

〈有无〉

太極不落陰陽，而陰陽即太極；猶太歲不落冬夏，而冬夏即太歲也。（龐樸《東西均注釋‧公符》，頁 110，注 1）

〈有无〉

此可相奪而相忘也。（龐樸《東西均注釋‧公符》，頁 110，注 2）

〈有无〉

則人之輪直冬夏者，固無礙于冬即夏、夏即冬之通覽，尤無礙于冬自冬、夏自夏之質歷也。（龐樸《東西均注釋‧公符》，頁 110，注 3）

09〈生死故〉

无始而有始。……有終而无終。（蔣氏《方以智哲學思想研究》，頁 217）

心有不空者乎？然猶有懈也，戰則輪刀，突陣肝腦塗地之時矣。（蔣氏《方以智哲學思想研究》，頁 237）

天以生死迷人乎？以生死養人乎？即以生死煉人乎？（龐樸《東西均注釋‧盡心》，頁 68，注 1）

安知其即以畏死誘人之養生乎？安知其即以養生誘人養其生之主乎？（龐樸《東西均注釋‧生死格》，頁 123，注 4）

10〈反對六象十錯綜〉

化對、平對、統對之分。（蔣氏《方以智哲學思想研究》，頁 176）

統者，公因也；辨者，反因也；有統與辨，反因也；无統與辨，公因也；公因在反因中，更何疑乎？（頁 177）

橫圖連而反對者也；圓圖望而反對者也，方圖迤而反對者也；貞悔顛而

反對者也；卦爻推而反對者也；策數損益而反對者也。（蔣氏《方以智哲學思想研究》，頁 206）又見（蔣氏〈方以智《易》學思想散論〉，頁 502）

（橫圖有「大橫圖」和「小橫圖」之別，前者指「伏羲六十四卦次序」圖：後者指「伏羲八卦次序」圖）

有一必有二，二皆本乎一。天下之至相反者，豈非同處于一原乎哉？可以豁然于二即一矣。蓋常一常二而一以二用者也。（龐樸《東西均注釋・三徵》注 3，頁 36）

凡反對而貫綜其中，非參乎？三在中而兩破爲四，非五乎？從此千萬皆以中五無五之一，用一切之反對也。（龐樸《東西均注釋・三徵》注 6，頁 36）

相侵相逼。（蔣氏《方以智哲學思想研究》，頁 196）

一分以自偶，偶本同出。（蔣氏《方以智哲學思想研究》，頁 204）

象无不對，對无不反，反无不克，克无不生，生无不代，代无不錯，錯无不綜，綜无不彌，彌无不綸。（蔣氏《方以智哲學思想研究》，頁 219）

如網之織，如蘆之交，雙明雙晦，互泯互存。（龐樸《東西均注釋・東西均開章》，頁 9，注 2）

並育不相害，而因知害乃並育之幾焉；並行不相悖，而因知悖乃並行之幾焉。（龐樸《東西均注釋・反因》，頁 90，注 2）

進前則舍後。（龐樸《東西均注釋・反因》，頁 91，注 2）

豁然二即一者，夜半正明，天曉不露，生即不生，有即無有矣。（龐樸《東西均注釋・反因》，頁 92，注 5）

11〈時義〉

知時，則順不爭，逆亦不爭；知義，則逆當爭。冰炭本不爭，義所在即聽冰炭爭之可也。（蔣氏《方以智哲學思想研究》，頁 196）

統常變之大常。（蔣氏《方以智哲學思想研究》，頁 213）

貫不廢輪。（蔣氏《方以智哲學思想研究》，頁 219）

萬古不動。（蔣氏《方以智哲學思想研究》，頁 220）

12〈必餘〉

本一氣也。所以爲氣者，心也；氣幾旋轉，消息不已，變變化化，大小一致。……凡爲理所必至，皆思之所可至；凡爲思之所必至，即理之所必有；精入窮盡，即能知之。陶清：《明遺民九大家哲學思想研究》，（臺北：洪葉文化事業有限公司，1997 年 6 月），頁 633。

一分爲陰陽，而因必有果，猶形必有影也。寂和感，往與來，仁與樹，初與終，凡兩端者，皆是也。（蔣氏《方以智哲學思想研究》，頁 189）

鶯治隔食之蟲，以能啄木出蠹也。（龐樸《東西均注釋·三徵》，頁 62，注 5）

有體物之鬼神，即有成能之鬼神，即有作怪之鬼神，皆相因一有俱有者也。（龐樸《東西均注釋·無如何》，頁 277，注 2）

伏蟄而旋氣息神以習仙，確乎仙矣；際斷而忍神化氣以習定，確乎定矣。然氣聚必散，定力有盡，故大乘呵學仙爲守尸，斥禪定爲鬼窟。（龐樸《東西均注釋·無如何》，頁 277，注 4、5）

13〈知由〉

一不住一，而自爲兩端。（蔣氏《方以智哲學思想研究》，頁 189）又見（龐樸《東西均注釋·三徵》注 3，頁 36）

不分其合，烏能合分，烏能隨分之即合耶？！（蔣氏《方以智哲學思想研究》，頁 189～190）

人奈天何，天奈人何。（蔣氏《方以智哲學思想研究》，頁 229）

盡人之所以爲人，而天盡矣。（蔣氏《方以智哲學思想研究》，頁 233）

分知行，非知「知行」者也；合知行，亦非知「知行」者也。曰知貫知行，而自爲代錯乎？識已行于古今矣，似之而眞，眞之而因，巧之而力，力之而中，皆蒸之于氣，燈之于然（通燃）也。一不住一，而自爲兩端，則无不分合合分，无二无一者也。（蔣氏《方以智哲學思想研究》，頁 251）

金之在礦、在冶、在器，有二金乎？水之在江、在釜、在盂，有二水乎？究也，行統于知用，知是行生也。（蔣氏《方以智哲學思想研究》，頁 251）

有知前之行，出門問津是也；知時之行，不墮坑塹是也；知後之行，輕車故鄉是也。有行前之知，西向而咲是也；行時之知，路在足下是也；行後之知，聚米成圖是也。（蔣氏《方以智哲學思想研究》，頁 252）

有无知之本（國保：根據上下文斷，此「本」字當爲「知」字，系抄誤），知空中皆火是也；有眞知之知，至明一火之即千火也；有偏（當爲徧）知之知，終明千火之用一火也。（蔣氏《方以智哲學思想研究》，頁 252）

見藤爲蛇，始也疑之，驚而畏之，遂欲殺之，達者容之曰「與我本無害也」；願力者曰「必且度之」，及乎舉火，則一藤耳，不惟殺者不必，容者、度者，復何有哉？此言知之自信，信即行矣；野人入郊，聞金鼓而駭，郊人曰「此獮獵之講武也」。此言知之能定，定即行矣，徒步訪人者，已近其家里所，而憂若數十里，恐暮矣；其家之人，自歸則違山十里之外，暮而無所怛，然無所怛然者，知也。此言知之不憂，不憂即行矣。（蔣氏《方以智哲學思想研究》，頁 254）

14〈充類〉

始知反因，反而相因。（蔣氏《方以智哲學思想研究》，頁 207）

不吹无聲。（蔣氏《方以智哲學思想研究》，頁 225）

15〈權衡經緯〉

不掘不出。（蔣氏《方以智哲學思想研究》，頁 225）

16〈絕待併待貫待〉

大一假一以相成其大二，而大一乃神。（蔣氏《方以智哲學思想研究》，頁 188）

莫非然中之所以然。（頁 157）

四圍莫非中五。（頁 159）

太極寓于中五。（蔣氏《方以智哲學思想研究》，頁 160）

混沌假天地以長生。（頁 174）

絕待之在相待中。（頁 175～176）

貫其中者，无對之一也，有貫者，即有受貫者，亦相對之二也，自爲受而自貫之者，无對之一也。（頁 176）

統者，言乎并也。（頁 176）

有化待，有平待，有統特。何謂化待？顯密有无之相，汁液是也；何謂平待？左右來往是也；何謂統特？君民貞邪是也。（頁 176）

雖對而不可謂對。（頁 177）

雖對而不可謂之對。陶清：《明遺民九大家哲學思想研究》，（臺北：洪葉文化事業有限公司，1997 年 6 月），頁 643。

純无不在雜中。（蔣氏《方以智哲學思想研究》，頁 214）

盡宇括宙。（蔣氏《方以智哲學思想研究》，頁 221）

太无者，本无增減之莫非然。（蔣氏《方以智哲學思想研究》，頁 222）

心王之尊也，正以善用其心所而尊也，正以善制其心所而尊也，善用善制，則熙熙皞皞，不知帝力矣。（蔣氏《方以智哲學思想研究》，頁 249）

既知向上，依然上在下中，名教窮盡；上無上下，必安于下，故先正名使之適得。（龐樸《東西均注釋·三徵》，頁 41，注 3）

自一至萬者，算器也。算器之外，有大一焉。然大一豈在算器之外乎？（龐樸《東西均注釋·三徵》，頁 42，注 5）

天人一也，……，故炎炎表天德之善，以政人流之惡；既言太無統善惡，必言至善統有無。太無者本無，增減之莫非然，天地不憂，聖人亦不憂者也。善則莫非然中所以然之理也，聖人憂人之不明者也。正告明善，則有亦善，無亦善，亦有亦無亦善，非有非無亦善，不落有無之即有無亦善。是善也者，統體用、有無者也，惡豈敢與之對哉！（龐樸《東西均注釋·公符》，頁 98，注 5）

何謂統待？君民、貞邪是也。統之屬，下為所統矣，雖對而不可謂之對也。（龐樸《東西均注釋·反因》，頁 94，注 3）

張弛易牖，喟然蜡儺。（龐樸《東西均注釋·張弛》，頁 198，注 6）

17〈法能生道〉

萬有萬無莫非太極。（蔣氏《方以智哲學思想研究》，頁 162）

心以思為官。（蔣氏《方以智哲學思想研究》，頁 182）又見（蔣國保：〈方以智哲學範疇體系當議〉，（《江淮論壇》，1983 年第 5 期），頁 93）

18〈二虛一實〉

兩間皆氣，凝為形。然有凝形之氣，仍有未凝形之氣與形為偶。（蔣氏《方以智哲學思想研究》，頁 174）

貫氣與形者，則大氣也，所以爲氣者也。（頁 174～175）

不立三者，无以明生二貫二之一。（蔣氏《方以智哲學思想研究》，頁 210）

何謂二虛一實？曰：人知一虛一實之兩交，而不知二虛一實之兩交也；人知一虛一實，與无虛无實者爲三，而不知二虛一實爲交虛實之實際。知此則圓三而半用矣，可以立三而又掀三矣；可以立一實、立一虛、立一交虛實之虛，又可以推三而立一交虛實之實，與之四焉，與之四而四分用三，實以一兼三也，其究也，交虛實之實，即无虛无實之虛而已矣。（蔣氏《方以智哲學思想研究》，頁 211）

19〈體為用本用為體本〉

此六十四、三百八十四者，皆一太極也。（蔣氏《方以智哲學思想研究》，頁 170）

凡象數皆表法之用。（蔣氏《方以智哲學思想研究》，頁 159）

曰所以，則不落有無，不落體用矣，實則但有一前用之時中耳。（蔣氏《方以智哲學思想研究》，頁 186）

不可名、不可見之所以然，以可名可見者文而理之。（蔣氏《方以智哲學思想研究》，頁 186）

綜上而言之，義理與象數，皆大一之用也。入神而言之，所立之象數、義理，皆體也；所以用其象數、義理，乃神用也。（蔣氏〈方以智《易》學思想散論〉，頁 497）

20〈繼善〉

不一者不二，故唯一即是竭兩，兩即是用中。（蔣氏《方以智哲學思想研究》，頁 209）

〈斷善〉舉其半而用其餘，用餘之半皆其半。（龐樸《東西均注釋·反因》，頁 88，注 4）

既知無統善惡，必知善統有無。（龐樸《東西均注釋·公符》，頁 98，注 5）

太無以統善惡而明至善以統有無。（龐樸《東西均注釋·公符》，頁 98，注 5）

天本不可睹聞，苟離可睹聞之地，又安得有不可睹聞之天哉？凡民之不知天命者，忽于不睹不聞，尤憚于所睹所聞。（龐樸《東西均注釋·反因》，頁88，注4）

21〈正身〉

視聽言動，無非思也。（蔣氏《方以智哲學思想研究》，頁242）

楊敬仲求傲迅峭家之狀貌，而遂誣《大學》之正心誠意爲僞書，是知其一不知其所以一也。（龐樸《東西均注釋·反因》，頁92，注3）

五、六二冊爲下卷，目次爲：

22〈薪火〉

太極老翁，嘗以无所得之聞，謀必不免之範，若曰不可見者，人何以見，應以見載不見，于是乎作費藏隱之器，授之天地而自碎其身，以爲之用天地。（頁169）

知倫物切于《春秋》，《春秋》養于禮樂，禮樂載于《詩》、《書》，而《易》以統之，即以泯之。故曰《易》襲《春秋》，《春秋》律《易》。（蔣氏〈方以智《易》學思想散論〉，頁496）

无爲文字，无非象數也。象數、文字中，空空如也。（蔣氏〈方以智《易》學思想散論〉，頁497）

石火不擊，終古石也，然无灰斗（蓄藏火之物）以擴之，石雖百擊，能舉火耶？（蔣氏《方以智哲學思想研究》，頁225）

割泥之喻，訊人先本。（龐樸《東西均注釋·東西均開章》，頁14，注4）

苦爲襲藝耳染，依通數墨，浮見鈎鎖，握齕膠牙。誦法先王，未能淹化，況能膛醯目而又曈者耶？烏礦漢礬，剝膚浣啓，用師十倍，臥鐵吞鋼。及乎谿摩反掌，家珍任用，則學問簡畢，乃古今之鹽醬也。（龐樸《東西均注釋·道藝》，頁176，注4）

23〈禮樂〉

不通表法，不可與言《易》。（蔣氏〈方以智《易》學思想散論〉，頁497）

人者，天地之心也。（蔣氏《方以智哲學思想研究》，頁232）

天人之不二，知行之一致。（蔣氏《方以智哲學思想研究》，頁251）

24〈孝覺〉

一在二中，無非交也。（蔣氏《方以智哲學思想研究》，頁 200）又見陶清：
《明遺民九大家哲學思想研究》，（臺北：洪葉文化事業有限公司，1997
年 6 月），頁 644。

知人者，知其相讒相嫉、愈蔽愈護之故，則可以爲天之肖子而理天之家
事矣。（蔣氏《方以智哲學思想研究》，頁 230）

25〈知人〉

不以通論壞質（論）（蔣氏《方以智哲學思想研究》，頁 145）

不知人而鐸治教者，是畫虎也；不知天而求知人之情者，是箪沙也；不
知理其人之情，而自矜知天者，是屠龍也。（蔣氏《方以智哲學思想研究》，
頁 230）

生死始於識我，識緣于欲，欲得則樂，不得則苦，苦樂樂苦，遂成愛憎
得失之我；患得患失，而憎人之斥所患，愛人之容所患，遂成是非恩怨
之我。（蔣氏《方以智哲學思想研究》，頁 230）

凡有所知，即踞其所知，而求設曼辭，以免於所不知。（蔣氏《方以智哲
學思想研究》，頁 230）

因其好我，則忌爲人之所惡，我惡之則惡人之好之，或畏人言之而成我
之不明，因自諱而自安之，皆貪我也。（蔣氏《方以智哲學思想研究》，
頁 230）

不能无我，豈能知徵。（蔣氏《方以智哲學思想研究》，頁 230）

況无我、无无我之神而明之者乎？然无我、无无我者，原不以此見長足
驗也，知人之所以爲人而已矣，知无我、无无我足以致人知而已矣。（蔣
氏《方以智哲學思想研究》，頁 231）

所能忍則曰我无世俗之我，其不能忍則曰我无緣飾之我；事違古人則曰
我无踐迹之我，偶合古人則曰我无師心之我；豨膏滑棘則曰我无適莫之
我，留殢不舍則又曰我无圓通之我；依於有善有惡則曰我无昏憒之我。（蔣
氏《方以智哲學思想研究》，頁 231）

竊知人之術，亂知人之衡。（蔣氏《方以智哲學思想研究》，頁 231）

竊无我者，其我更甚。（蔣氏《方以智哲學思想研究》，頁 231）

然知世世此血氣尊親之人，自有能知天人之人，自可以徵諸天地。(蔣氏《方以智哲學思想研究》，頁 231)

26〈世出世〉

混沌有胎。(蔣氏《方以智哲學思想研究》，頁 159)

絕待之太極。(頁 161)

貫混沌、天地之穆不已。(頁 167)

于穆太翁。(頁 167)

絕待之太極，即在乾統坤餘之並待中。(蔣氏《方以智哲學思想研究》，頁 222)

明孟子之兩不謂。(龐樸《東西均注釋・盡心》，頁 72，注 5)

27〈約藥〉

「未闡」之「象數」自身藏有「太極之神」。(蔣氏《方以智哲學思想研究》，頁 170)

《易》故以天理其欲，而以著龜忘其法，以禮樂田其情，而以學畜其靈教。悟者眜悟，不教悟者眞悟，逼挀之門不少矣。(蔣氏〈方以智《易》學思想散論〉，頁 497)

兩端貴先。(蔣氏《方以智哲學思想研究》，頁 193)

无分別之太極，所以尊分別之陰陽以理之也。(蔣氏《方以智哲學思想研究》，頁 219)

落兩者，半邊也；執不落兩者，亦半邊也。(龐樸《東西均注釋・三徵》，頁 36，注 2)

28〈中正寂場勸〉

因二爲眞一，執一爲遁一，貞一則二神，離二則一死。(蔣氏《方以智哲學思想研究》，頁 204)

足下之土石是矣。(蔣氏《方以智哲學思想研究》，頁 214)

舍日無歲。(蔣氏《方以智哲學思想研究》，頁 226)

知有必當如此，何以如此，而即享此本自如此之故。(龐樸《東西均注

釋‧》，頁，注）

29〈曠說〉無

30〈通塞〉

一之萬之，萬之一之，反一无迹者，得其未始有一而已矣，（頁 212）……
一之中有未始有一者，萬之中依然此未始有一者。（蔣氏《方以智哲學思
想研究》，頁 212～213）

31〈无心〉

天左旋……，習也。（龐樸《東西均注釋‧東西均開章》，頁 19，注 3）

32〈性命質〉

外氣于性。（蔣氏《方以智哲學思想研究》，頁 179）

一而神，兩而化，正謂化其一，而神于兩也。一必同二，无言之行生也；
兩乃用一，上天之載无也。弄微言而屑越大義，與扶大義而不通微言，
皆不知行生之載，全大全微者也。（蔣氏《方以智哲學思想研究》，頁 202）

彼求事天于主宰之帝者，疏矣。（蔣氏《方以智哲學思想研究》，頁 222）

天地之道，生生而已矣。（蔣氏《方以智哲學思想研究》，頁 222）

非本无而忽有……非暫有而永无。（蔣氏《方以智哲學思想研究》，頁 222）

化之變而異也，以頓，如鷹之爲鳩，橘之爲枳也；育之變而異，以漸，
如卵之爲雛，芽之爲莖。（蔣氏《方以智哲學思想研究》，頁 226）

但日不慮而知，何待教乎？禁絕其慮，慮可禁乎？（蔣氏《方以智哲學
思想研究》，頁 242）

通達之知，所以偏物者也；主宰之知，所以轉物者也，此兩知者生乎默
識之知。默識之知生乎好學之知，好學之知生乎擇善之知，擇善之知生
乎不慮之知。舉此不慮之知，足以逼擇，學之歸于默識，默識之入于擇
學；足以攝通達之歸于主宰，主宰之溶于通達，足以竭一切之知，而容
天下之不知。（蔣氏《方以智哲學思想研究》，頁 245）

通達无非主宰，而忘其通達；主宰无非通達，而忘其主宰。未知未偏格
而致之已格已致，溫而厚之；前乎知天之憤竭，則切琢也，後乎知天之
學誨，即飲啖也。（蔣氏《方以智哲學思想研究》，頁 245）

夫言豈一端，亦各有所爲也。不明言下之言先、言後，則誠亦蠢誠耳！（龐樸《東西均注釋・東西均開章》，頁 17，注 3）

33〈大常〉

毀質譽通者，巧耳。（蔣氏《方以智哲學思想研究》，頁 145）

34〈非喻可喻〉無

最後一言曰：瞳肉眼而開醯眼，又瞳醯眼而還雙眼者，許讀此書。（龐樸《東西均注釋・道藝》，頁 176，注 2）

附錄八：《周易時論合編圖象幾表》目錄編碼及書影

（一）《周易時論合編圖象幾表》目錄編碼

《周易時論合編圖象幾表》，卷之一，皖桐方孔炤潛夫授編，孫中德、中通、中履、中泰編錄，潭陽後學游藝再較（頁 5：69）（共 61 幅）

卷之一，「圖書」（頁 5：69）（61 幅）

〈關子明三合〉（頁 5：139）

〈大九九方圖〉（頁 5：140）

〈鄭樵禹貢依□序說〉（頁 5：140）

〈干支維正河圖說〉（頁 5：141）（1 幅）

〈陰符遁甲洛書說〉（頁 5：142）（1 幅）

〈洛書符〉（頁 5：142）（1 幅）

09〈圖書五行諸說〉（頁 5：143～155）（1 幅）

10〈五行尊火爲宗說〉（頁 5：157～159）（0 幅）累計 61 幅

《周易時論合編圖象幾表》，卷之二，皖桐方孔炤潛夫授編，孫中德、中履、中通、中泰編錄，宋山後學左銳再較（頁 5：161）（共 27 幅）

卷之二，「卦畫」（頁 5：161）（27 幅）

11〈八卦橫圖〉：藏三十六宮（頁 5：161）（2 幅）

12〈大成橫圖〉：八卦積數八變參兩數（頁 5：164）（1 幅）

13〈大圓圖〉：邵子諸說（頁 5：174～175）（0 幅）

14〈八際峙望圖〉（頁 5：177）（1 幅）

15〈合方圓圖諸說〉（頁 5：179～184）（1 幅）

16〈三十六宮方圖合元會圖〉：鄧氏說（頁 5：185）（1 幅）

17〈方圖諸象〉（頁 5：195）（12 幅）

〈四交十六卦四層起中〉

〈四破各十六卦〉

〈十二方環中央〉

〈明堂表法〉

〈握機表法〉

〈旋望錯對〉

〈疊對〉

〈震巽中交〉

〈坎離井字〉

〈艮兌邊井字〉

〈倒方圓易震巽說〉

18〈四分四層說〉（頁 5：199）（0 幅）

19〈方圖明堂表法說〉（頁 5：202～205）（0 幅）

20〈日月運行圓圖〉（頁 5：208～209）（1 幅）

21〈明生歲成納甲氣朔之圖〉（頁 5：211）（2 幅）

22〈革節中孚歸奇象閏圖〉（頁 5：213）（1 幅）

23〈九行八卦表〉（頁 5：216）（1 幅）

24〈宿度圓圖〉（附〈赤道宿度〉，頁 5：225）（頁 5：223～232）（1 幅）

25〈分野圖〉（頁 5：233）（1 幅）

26〈星土說〉（頁 5：239～240）（0 幅）

27〈三天圖〉：先天中天後天（頁 5：241）（2 幅）累計 88 幅。

《周易時論合編圖象幾表》，卷之三，皖桐方孔炤潛夫授編，孫中德、中履、中通、中泰編錄（頁 5：247）（共 68 幅）

卷之三，「八卦」（頁 5：247）（35 幅）

28〈父母圖說〉（頁 5：247）（1 幅）

29〈先天八卦方位圖說〉（頁 5：251～255）（1 幅）

30〈後天八卦方位圖說〉（頁 5：257～266）（1 幅）

31〈先天一三縱橫說〉（頁 5：267）（2 幅）

32〈中天四坎四離變衍〉（頁 5：268）（5 幅）

33〈四正四偏先後之變〉（頁 5：271～273）（3 幅）

34〈統三男三女先後之變〉（頁 5：271）（2 幅）

35〈唐堯朔易圖說〉（頁 5：275）（1 幅）

36〈天門據始圖說〉（頁 5：277～278）（1 幅）

37〈三輪拱架幾表說〉（頁 5：281）（1 幅）

38〈十六卦環中交用圖說〉（頁 5：284）（1 幅）
〈後天分金說附〉

39〈先後天因重說〉（頁 5：285）（16 幅）累計 123 幅

卷之三，「卦變」（頁 5：289）（33 幅）

40〈啓蒙卦變圖〉（頁 5：289）（1 幅）

41〈來氏沈氏象傳卦變說〉（頁 5：291）（0 幅）

42〈八宮游歸卦變圖〉（頁 5：295）（1 幅）

43〈游歸綜圖〉（頁 5：301）（2 幅）

44〈元公黃氏衍京變〉（頁 5：303）（0 幅）

〈四正四隅正對顛對合文王卦位〉（2 幅）

〈二老包長中少〉〈二老包少中長〉（頁 5：304）（2 幅）

45 〈八不變卦顛盪圖〉（頁 5：305）（8 幅）

46 〈八盪雙顛圖〉（後天八卦宮變圖）（頁 5：307）（8 幅）

47 〈依先序顛錯三圖〉（頁 5：313）（2 幅）

48 〈中石呂氏中交百二十八卦圖〉（頁 5：315）（2 幅）

49 〈序卦互見圖〉（頁 5：317）（1 幅）

50 〈京變圓圖〉（頁 5：319）（1 幅）

51 〈應朔望圖〉（頁 5：319）（1 幅）

52 〈朱子卦變圓圖〉（頁 5：323）（1 幅）

53 〈三互圖〉（頁 5：325）（1 幅）累計 156 幅

《周易時論合編圖象幾表》，卷之四，皖桐方孔炤潛夫授編，侄鯢立竹西
兆及蛟峯參訂，孫中德、中履、中通、中泰編錄（頁 5：327）（共 44 幅）

卷之四，「蓍策」（頁 5：327）（42 幅）

54 〈啓蒙蓍衍〉三徵成蓍、三蓍成象、四約過揲、六十四狀（頁 5：327）
　　（15 幅）

55 〈邵子十二會策〉去三四五六以成九八七六（頁 5：335）（4 幅）

56 〈大衍蓍原析圖〉（頁 5：341）（11 幅）

57 〈大衍千三百乘起圖〉（頁 5：342）（1 幅）

58 〈易東丁氏倚九十九圖〉（頁 5：342）（2 幅）

59 〈圖書合數〉：用五、二微、餘數（頁 5：343）（4 幅）

60 〈關子明易傳約〉（頁 5：345）（0 幅）

61 〈七其六說〉（頁 5：349）（1 幅）

62 〈大衍蓍原三五錯綜說〉（頁 5：351）（0 幅）

63 〈漢志三統本易說約〉（頁 5：351）（0 幅）

64 〈唐志大衍曆議約〉（頁 5：353）（0 幅）

65 〈七七說〉（頁 5：358）（0 幅）

66 〈筮占〉（頁 5：361）（0 幅）

66～1 〈文王卦序橫圖〉（頁 5：365）（4 幅）累計 198 幅

卷之四，「卦序」（頁 5：367）（2 幅）

67〈景元蕭氏攷約〉：八卦分體合體（序卦說）（頁 5：367）（0 幅）

68〈元公黃氏卦序演〉（頁 5：387）（0 幅）

69〈三十六貞悔圓圖方圖〉：分六周、九周、三周（頁 5：397）（2 幅）

70〈野同錄序卦〉（頁 5：401）（0 幅）累計 200 幅

《周易時論合編圖象幾表》，卷之五，皖桐方孔炤潛夫授編，孫中德、中履、中通、中泰編錄（頁 5：405）（共 22 幅）

卷之五，「旁徵」（頁 5：405）（22 幅）

71〈三易考約〉（頁 5：405）（0 幅）

72〈京氏傳約〉（頁 5：408）（0 幅）

73〈六十四卦甲子積籌〉（頁 5：413～414）（1 幅）

74〈京邵三層卦氣〉（頁 5：415）（1 幅）

75〈直日圖〉（頁 5：419）（1 幅）

76〈具爻應二十四氣納虛圖〉（頁 5：423～425）（1 幅）

77〈太玄約〉（頁 5：427）（1 幅）

78〈洞極約〉（頁 5：429）（1 幅）

79〈元包約〉（頁 5：433）（1 幅）

80〈潛虛約〉（頁 5：435）（1 幅）

81〈邵約〉（頁 5：439～445）（1 幅）

　　〈經世槩〉

　　〈元會數〉

　　〈天根月窟圖〉

82〈三十六官圖〉（頁 5：453）（2 幅）

83〈洪範蔡疇〉（頁 5：455）（1 幅）

　　〈石齋黃氏廣塡卦三圖〉

84〈附皇極數河洛理數約〉（頁 5：462）（2 幅）

85〈五行雜變附〉（頁 5：463～464）（6 幅）

85～1〈金精鰲極五行〉（頁 5：472）（1 幅）

85～2〈八卦變曜五行〉（頁 5：473）（1 幅）

86〈玩易雜說〉（頁 5：477）（0 幅）

86～1〈承乘比應〉（頁 5：477）（0 幅）

86～2〈中四爻說〉（頁 5：483）（0 幅）

86～3〈任間○卦主說〉（頁 5：487）（0 幅）累計 222 幅

《周易時論合編圖象幾表》，卷之六，皖桐方孔炤潛夫授編，孫中德、中履、中通、中泰編錄（頁 5：495）（共 12 幅）

卷之六，「旁徵」（頁 5：495）（12 幅）

＊〈先天近取諸身〉＊〈後天六氣〉（頁 5：495）（2 幅）

87＊〈五運約圖〉（頁 5：496）（1 幅）〈三陰陽圖〉（頁 5：497）（0 幅）

88〈五運六氣圖〉（頁 5：498）（0 幅）

89〈人身呼吸十二經卦氣圖〉（頁 5：503）（2 幅）

89～1〈人身呼吸合天地卦氣說〉（頁 5：505～518～519）（0 幅）

90〈律呂聲音幾表〉（頁 5：524）（1 幅）

90～1〈律應卦氣相生圖〉（〈律呂新書〉）（頁 5：524）（0 幅）

＊〈黃鍾空圍九分圖說〉（5 幅）

〈積筭約準〉

〈八十四調〉

〈律娶妻生子圖〉

〈黃鍾冪實筭約〉

〈黃帝五位性情圖〉

〈八風圖〉

90～2〈邵子聲音礮論〉（〈邵子聲音解〉）（頁 5：551）（0 幅）

90～3〈等切旋韻約表〉（〈納音附等切字母〉、〈旋韻圖說〉）（頁 5：573～574）（0 幅）

90～4〈論古皆音和說〉（〈聲數諸說〉）（頁 5：581）（0 幅）

〈旋韵十六攝〉（頁 5：585～588）（1 幅）累計 234 幅

《周易時論合編圖象幾表》，卷之七，皖桐方孔炤潛夫授編，孫中德、中履、中通、中泰編錄（頁 5：591）（共 0 幅）

卷之七，「旁徵」（頁 5：591）（0 幅）

91〈《崇禎曆書》約〉（頁 5：591～593）（0 幅）

91～1〈圓中〉（頁 5：595～603）（0 幅）

91～2〈大圓〉（頁 5：607）（0 幅）

91～3〈二曜〉（頁 5：611）（0 幅）

91～4〈五緯〉（頁 5：617）（0 幅）

92〈兩間質測〉或〈兩間質約〉（頁 5：627～649）累計 234 幅

《周易時論合編圖象幾表》，卷之八，皖桐方孔炤潛夫授編，孫中德、中通、中履、中泰編錄，子塙曹臺岳再較（頁 5：651）（共 33 幅）

卷之八，「旁徵」（頁 5：651）（33 幅）

93〈極數襟〉（頁 5：651～652）（0 幅）

93～1〈河洛積數襟〉（頁 5：655）（16 幅）

93～2〈九六圖說〉（頁 5：661～662）（11 幅）

93～3〈參兩說〉（頁 5：665～673）（2 幅）

93～4〈五合相藏說〉（頁 5：675）（0 幅）

　〈併倚〉

　〈除倚〉

　〈追倚〉

　〈損益倚〉

　〈比例倚〉

93～5〈四象八卦適值數位〉（頁 5：679）（0 幅）

93～6〈商高積矩圖說〉（〈商高積矩表〉）（頁 5：681～682）（3 幅）

93～7〈石齋黃氏天方圖說〉（頁 5：687）（1 幅）

93～8〈聲數〉（頁 5：705～714）（0 幅）累計 267 幅

（二）《周易時論合編圖象幾表》書影

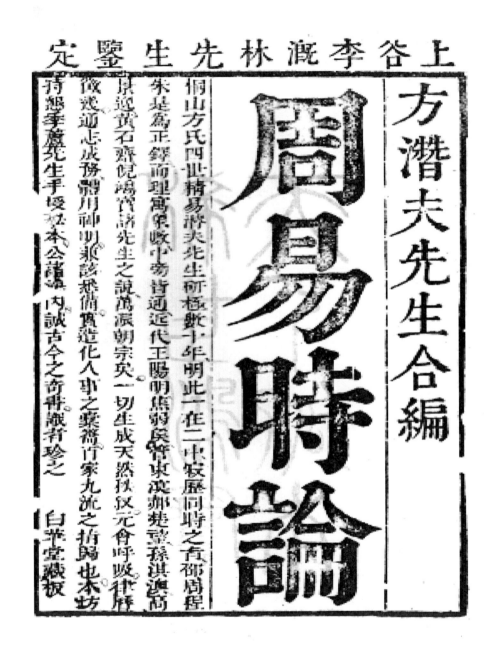

《周易時論合編圖象幾表》書影：《周易時論》李世洽題記

清順治十七年刊，白華堂藏版，（臺北：文鏡文化事業公司），1983

周易時論序

天地不得不卦爻虛空不得不
為數乾端坤倪肇呈龍馬一部
大易充塞古今啟鍵開闢要在
因時制用而已用藏後天卽顯

《周易時論合編圖象幾表》書影：李世洽《周易時論序》，1660
清順治十七年刊，白華堂藏版，（臺北：文鏡文化事業公司），1983

《周易時論合編圖象幾表》目錄書影：卷之一

清順治十七年刊，白華堂藏版，（臺北：文鏡文化事業公司），1983

《周易時論合編圖象幾表》目錄書影：卷之二

清順治十七年刊，白華堂藏版，（臺北：文鏡文化事業公司），1983

《周易時論合編圖象幾表》目錄書影：卷之三

清順治十七年刊，白華堂藏版，（臺北：文鏡文化事業公司），1983

《周易時論合編圖象幾表》目錄書影：卷之三

清順治十七年刊，白華堂藏版，（臺北：文鏡文化事業公司），1983

《周易時論合編圖象幾表》目錄書影：卷之四

清順治十七年刊，白華堂藏版，（臺北：文鏡文化事業公司），1983

三十六貞悔圓圖方圖 分六周九 周三周

野同錄序卦

卷之五

劣 微 三易坎約 京氏傳約

六十四卦甲子積筭 京邡三層卦氣

直日圖 具爻約虛圖

太玄約 洞極約

元包約 潛虛約

邵約經世槩 元會數 洪範恭疇石齋黄氏廣墳

天根月窟圖 卦三圖

《周易時論合編圖象幾表》目錄書影：卷之五

清順治十七年刊，白華堂藏版，（臺北：文鏡文化事業公司），1983

《周易時論合編圖象幾表》目錄書影：卷之六
清順治十七年刊，白華堂藏版，（臺北：文鏡文化事業公司），1983

方以智易學形上思想研究

卷之八　崇禎曆書約　兩間質測

極數衍河洛積數衍　九六說　參兩說　五合相■
薇說　併倚　乘倚　除倚　追倚　損益倚
比例倚　商高積矩表
石齋黃氏天方圖說

卷之一　上下經上下繫說卦序卦雜卦十五卷

卷之二　上經

上經

《周易時論合編圖象幾表》目錄書影：卷之七及卷之八至上經卷之二
清順治十七年刊，白華堂藏版，（臺北：文鏡文化事業公司），1983

—338—

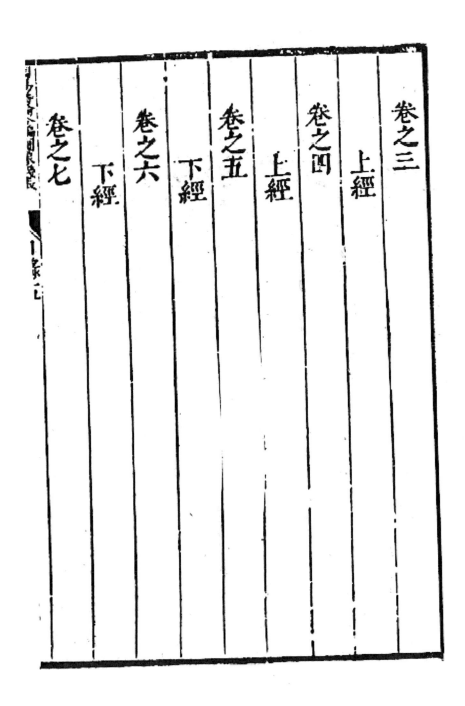

《周易時論合編》目錄書影：上經卷之三至下經卷之七
清順治十七年刊，白華堂藏版，（臺北：文鏡文化事業公司），1983

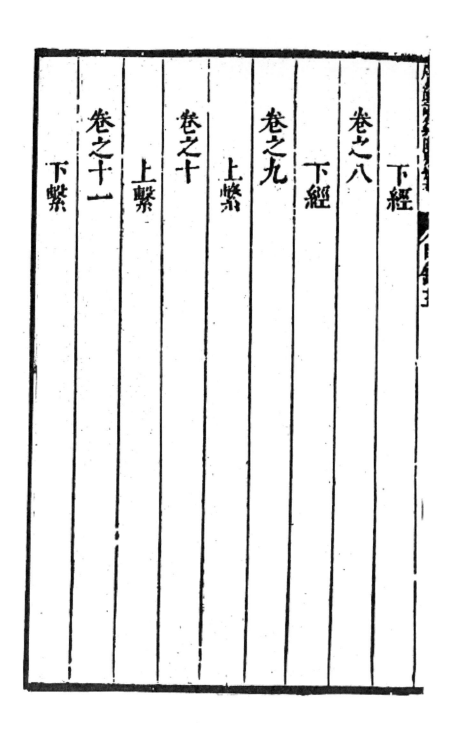

《周易時論合編》目錄書影：下經卷之八至下繫卷之十一
清順治十七年刊，白華堂藏版，（臺北：文鏡文化事業公司），1983

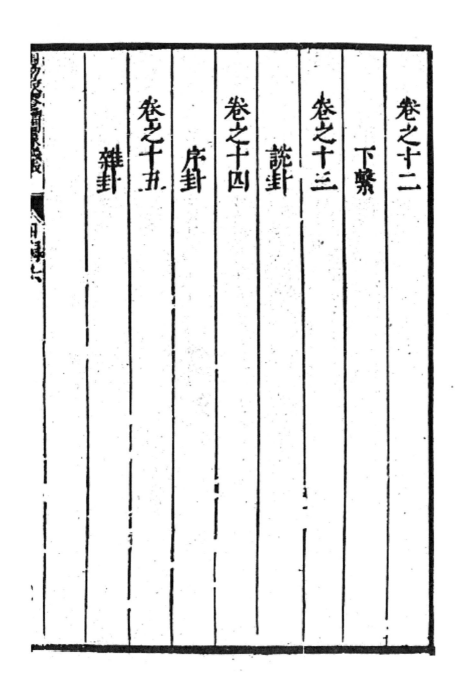

《周易時論合編》目錄書影：下繫卷之十二至雜卦卷之十五
清順治十七年刊，白華堂藏版，（臺北：文鏡文化事業公司），1983

附錄九：《周易時論合編圖象幾表》附圖一覽表

表十二：《圖象幾表》附圖的數量統計表

卷　　次	類　　別	頁碼起始	圖式數量	總計
卷之一	圖書	頁 5：69	61 幅	共 61 幅
卷之二	卦畫	頁 5：161	27 幅	共 27 幅
卷之三	八卦	頁 5：247	35 幅	共 68 幅
	卦變	頁 5：289	33 幅	
卷之四	蓍策	頁 5：327	42 幅	共 44 幅
	卦序	頁 5：367	2 幅	
卷之五	旁徵	頁 5：405	22 幅	共 67 幅
卷之六	旁徵	頁 5：495	12 幅	
卷之七	旁徵	頁 5：591	0 幅	
卷之八	旁徵	頁 5：651	33 幅	
8 卷	7 類			累計 267 幅

卷之一，「圖書」（頁 5：69）（共 61 幅）

（一）卷之一，「圖書」〔註 1〕

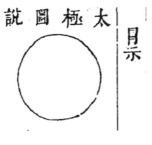

〈太極冒示圖說〉p73

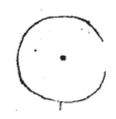

〈諸家冒示集表〉之一 p79

〔註 1〕《圖象幾表》附圖的圖象掃描，承蒙南投縣慈光山人乘寺地藏院釋大福法師惠贈電子檔，特此致謝。

〈諸家冒示集表〉之二 p79

〈諸家冒示集表〉之三 p79

〈諸家冒示集表〉之四 p79

諸家冒示集表〉之五 p79

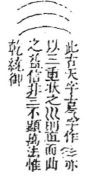

〈諸家冒示集表〉之六 p79

〈諸家冒示集表〉之七 p79

〈諸家冒示集表〉之八 p79

〈諸家冒示集表〉之九 p79

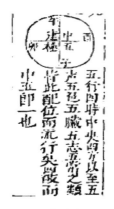

〈諸家冒示集表〉之十 p79

〈諸家冒示集表〉十一 p79

〈諸家冒示集表〉十二 p79

〈諸家冒示集表〉十三 p79

〈諸家冒示集表〉十四 p79

〈諸家冒示集表〉十五 p79

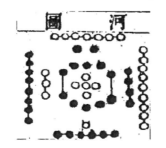

〈河圖洛書舊解集〉一 p83

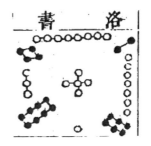

〈河圖洛書舊解集〉二 p83

〈密衍〉之一 p107

〈密衍〉之二 p107

〈密衍〉之三 p107

〈密衍〉之四 p107

〈密衍〉之五 p108

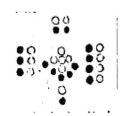

〈密衍〉之六 p108

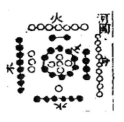

〈密衍〉之七 p108

〈密衍〉之八 p108

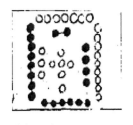

〈密衍〉之九 p108

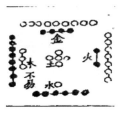

〈密衍〉之十 p108

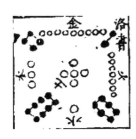

〈密衍〉十一 p108

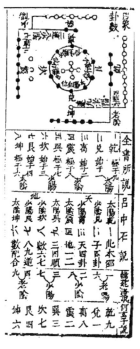

〈四象卦數舊說〉p119

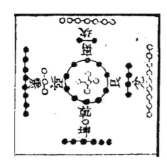

〈四象新說〉之一 p123

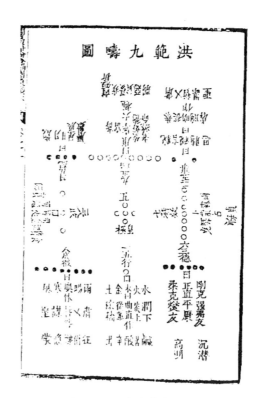

〈四象新說〉之二 p123

〈四象新說〉之三 p123

〈洪範九疇諸解〉p129

〈河洛析說〉之一 p137

〈河洛析說〉之二 p137

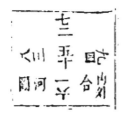

〈河洛析說〉之三 p137

〈河洛析說〉之四 p137

〈河洛析說〉之五 p137

〈河洛析說〉之六 p137

〈河洛析說〉之七 p137

〈河洛析說〉之八 p138

〈河洛析說〉之九 p138

〈河洛析說〉之十 p138

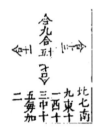

〈河洛析說〉十一 p138

〈河洛析說〉十二 p138

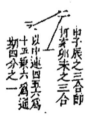

〈河洛析說〉十三 p139

〈河洛析說〉十四 p139

〈河洛析說〉十五 p139

〈河洛析說〉十六 p139

〈河洛析説〉十七 p139

〈河洛析説〉十八 p139

〈河洛析説〉十九至二十一 p139

〈河洛析説〉二十二 p139

〈河洛析説〉二十三 p140

〈干支維正河圖説〉p141

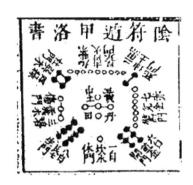

〈陰符遁甲洛書説〉p142　　　　　　　　　〈洛書符〉p142

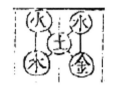

〈圖書五行諸説〉p143　　　　　　　　　　共計 61 幅

卷之二，「卦畫」（頁 5：161）（共 27 幅）

（二）卷之二，「卦畫」（頁 5：161）

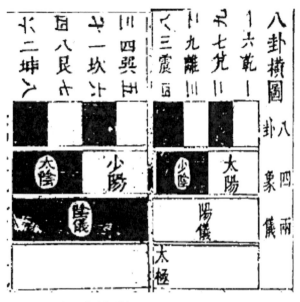

〈八卦橫圖〉一至二 p161～162

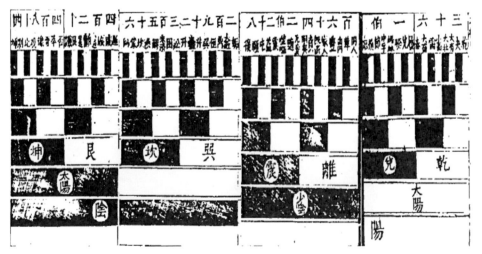

〈大成橫圖〉p162～164

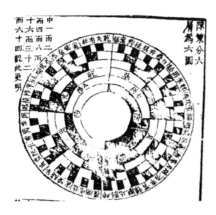

〈大圓圖〉p167　　　　　〈八際峙望圖〉p177

〈合方圓圖諸說〉p179　　　　〈三十六宮方圖合元會圖〉p185

〈方圖諸象〉之一 p195　　　　〈方圖諸象〉之二 p195

〈方圖諸象〉之三 p195

〈方圖諸象〉之四 p195

〈方圖諸象〉之五 p196

〈方圖諸象〉之六 p196

〈方圖諸象〉之七 p196

〈方圖諸象〉之八 p196

〈方圖諸象〉之九 p197

〈方圖諸象〉之十 p197

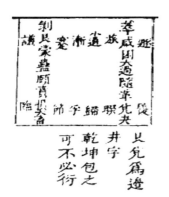

〈方圖諸象〉十一 p197

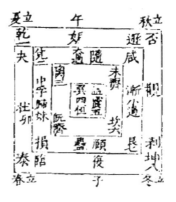

〈方圖諸象〉十二 p197

〈日月運行圓圖〉p207

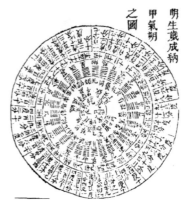

〈明生歲成納甲氣朔之圖〉之一 p211

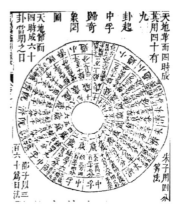

〈明生歲成納甲氣朔之圖〉之一 p212

〈革節中孚歸奇象閏圖〉p213

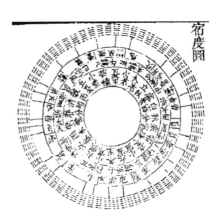

〈九行八卦表〉p216

〈宿度圓圖〉p223

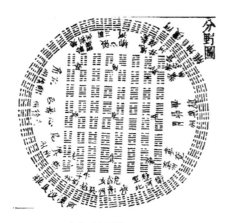

〈分野圖〉　p233

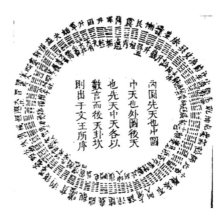

〈三天圖〉之一 p241

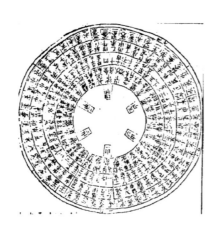

〈三天圖〉之二 p243

卷之三（共 68 幅）

（三）卷之三，「八卦」（頁 5：247）（35 幅）

〈父母圖說〉p247　　　　　〈先天八卦方位圖說〉p251

〈後天八卦方位圖說〉p257　　　　〈先天一三縱橫說〉一 p267

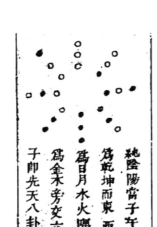

〈先天一三縱橫說〉二 p267

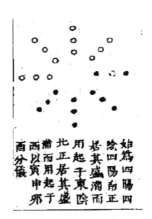

〈中天四坎四離變衍〉一 p268

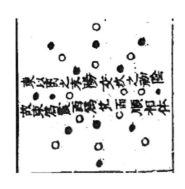

〈中天四坎四離變衍〉二 p268

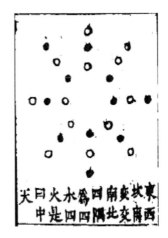

〈中天四坎四離變衍〉三 p268

〈中天四坎四離變衍〉四 p268

〈中天四坎四離變衍〉五 p268

〈四正四偏先後之變〉一 p271　　　〈四正四偏先後之變〉二 p271

〈四正四偏先後之變〉三 p271　　　〈統三男三女先後之變〉一 p271

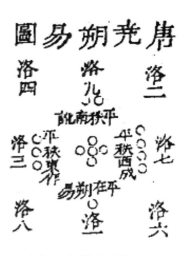

〈統三男三女先後之變〉二 p271　　　〈唐堯朔易圖說〉p275

〈天門據始圖說〉p277

〈三輪拱架幾表說〉p281

〈十六卦環中交用圖說〉p284

〈先後天因重說〉一 p285

〈先後天因重說〉二 p285

〈先後天因重說〉三 p285

〈先後天因重說〉四 p285

〈先後天因重說〉五 p285

〈先後天因重說〉六 p285

〈先後天因重說〉七 p285

〈先後天因重說〉八 p285

〈先後天因重說〉九 p286

〈先後天因重說〉十 p286

〈先後天因重說〉十一 p286

〈先後天因重説〉十二 p286

〈先後天因重説〉十三 p286

〈先後天因重説〉十四 p286

〈先後天因重説〉十五 p286

〈先後天因重説〉十六 p286

（四）卷之三，「卦變」（頁5：289）（33幅）

〈啟蒙卦變圖〉p289～290（由右至左）

〈八宮游歸卦變圖〉p295

〈游歸綜圖〉二 p302（由右至左）　　〈游歸綜圖〉一 p301（由右至左）

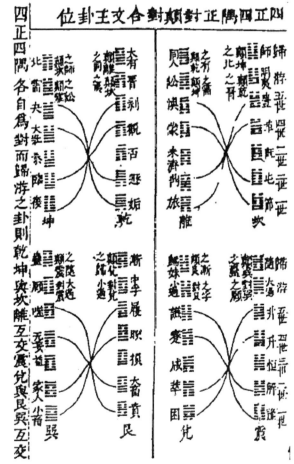

〈四正四隅正對顛對合文王卦位〉一、二 p303

〈二老包少中長〉p304

〈二老包長中少〉p304

〈八不變卦顛盪圖〉一 p305

〈八不變卦顛盪圖〉二 p305

〈八不變卦顯溫圖〉三 p305

〈八不變卦顯溫圖〉四 p305

〈八不變卦顯溫圖〉五 p306

〈八不變卦顯溫圖〉六 p306

〈八不變卦顯溫圖〉七 p306

〈八不變卦顯溫圖〉八 p306

〈八盪雙顛圖〉五至八 p308（由右至左）

〈八盪雙顛圖〉一至四 p307（由右至左）

〈依先序顛錯三圖〉一 p313

〈依先序顛錯三圖〉二 p313

〈中石呂氏中交百二十八卦圖〉一　p314～315

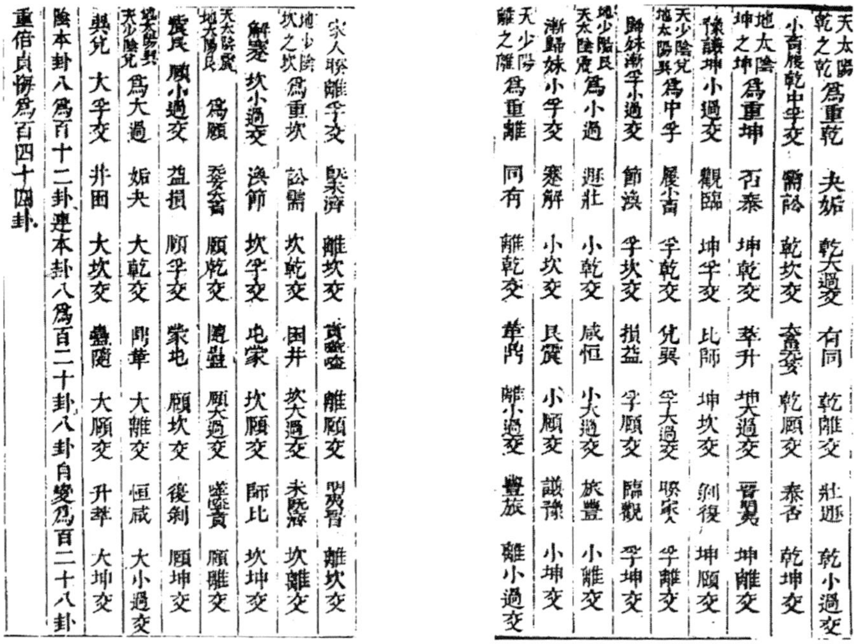

〈中石呂氏中交百二十八卦圖〉二　p315～316（由右至左）

〈序卦互見圖〉p317

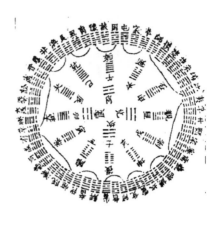

〈京變圓圖〉p319

〈應朔望圖〉p319

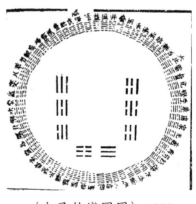

〈朱子卦變圓圖〉p323

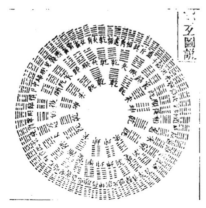

〈三互圖〉p325

卷之四，「蓍策」（頁 5：327）（42 幅）、卷之四，「卦序」（頁 5：367）（2 幅）（共 44 幅）

（五）卷之四，「蓍策」（頁 5：327）（42 幅）

〈啟蒙蓍衍〉一至八　p327～328（由右至左）

〈啟蒙著衍〉九 p328　　〈啟蒙著衍〉十 p329

少陰

為偶老一也本十七策去初掛得十六

四約三分為二者二為二者一　言為奇者二

二一同前二即于八策中去四不用于四策中置二子上為儀以領二用也

二二復有二為八之母

四約得八為八之子

其四為三十二故此過揲者八之子也以三十二為母則二伯五十六為子

四其八而八

老陽

一止得十二以三分之為四者三凡四為奇朗為奇者三

本十三策去初掛

于四策中而

四約得九為九之母

三二各復有三為三之母

四共九而九共四為

四約得九為九之子

置一于上為儀列三子下為用三其一即三其三也

八二三六故此過揲者九之子也以三十六為母則三百二十四為子極千萬皆千也

老陰

本二十五策去初掛得二十四

四約三分為二者三　三　八也為偶者三也

三二各復有二為六之母　逢八去半子用半

中以三為體領二為用

四約得六為六之母

四共六而六共四為二

四約得六為六之子

十四故此過揲者六之子也以二十四為母則百四十四為子

少陽

為奇者一也本二十一策去初掛得二十

四約三分為二者二為一　言為偶者二

三二各復有二　二二

三二一復有三為七之母

兩四八也逢八去四于四策中置二為體以領二用

四約得七為七之母

四共七而七共四為二

四約得七為七之子

八二十八故此過揲者七之子也以二十八為母則百九十六為子

〈啟蒙著衍〉十一至十四　p329～331

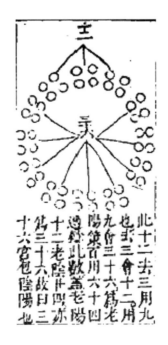

〈啓蒙著衍〉十五 p331～332

此十二去
去十五用七會二
五用七會二
少陽策二十八爲

此生去六用六爲六會二十
四用六會二千四爲老陰策催老
陰用撰與通撰則故以六爻爲
而會參兩之紀蓋七八九之閒焉。

〈邵子十二會策〉一至四 p335

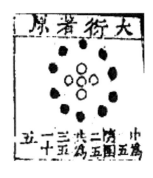

大衍蓍原

中五爲圍五濟二爲共三一十五

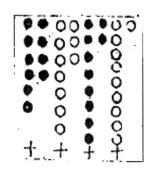

十　十　十

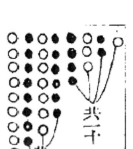

共二十　共一十

爻
三二一
四九八七六
去

老在外少在
內猶之極閒
四象也四周
老少合爲三
五者區面生
敬合爲吾者三

〈大衍蓍原析圖〉一至四 p341

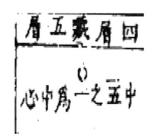

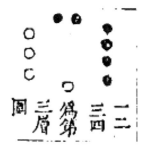

〈大衍著原析圖〉五至八 p341

〈大衍著原析圖〉九至十一 p341

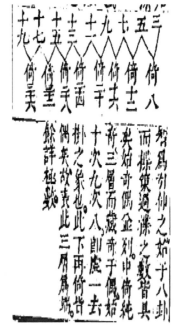

〈大衍千三百乘起圖〉p342

〈易東丁氏倚九十九圖〉一　p342

〈易東丁氏倚九十九圖〉二　p342

圖五其十二

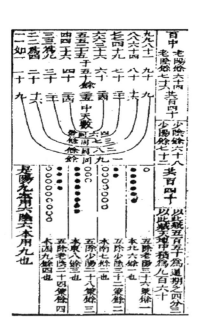

書五其九

一與十　二與九　三與八　四與九　五與六

一與八　二與七　三與六　四與五　九與九

老陽一連九用而一與六合為七

老陰四連六用而四與九合為十，合七與十三為二十

三少陰二連八用而二與七合為

九少陰三連七用而三與八合為十一，

九。少陰三連七用而三與八合為十一，九與十二為二十

〈圖書合數〉一至四　p343～344

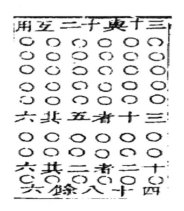

〈七其六説〉p349

〈文王卦序橫圖〉一 p365

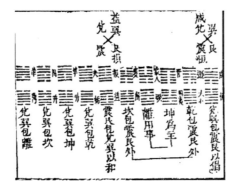

〈文王卦序橫圖〉二 p365

〈文王卦序橫圖〉三 p366

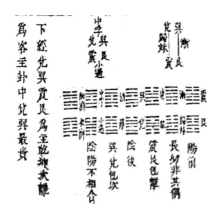

〈文王卦序橫圖〉四 p366

（六）卷之四，「卦序」（頁 5：367）（2 幅）

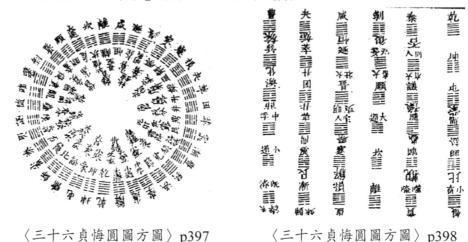

〈三十六貞悔圓圖方圖〉p397　　　　〈三十六貞悔圓圖方圖〉p398

卷之五，「旁徵」（頁 5：405）（旁徵類，共 67 幅）

（七）卷之五，「旁徵」（頁 5：405）（22 幅）

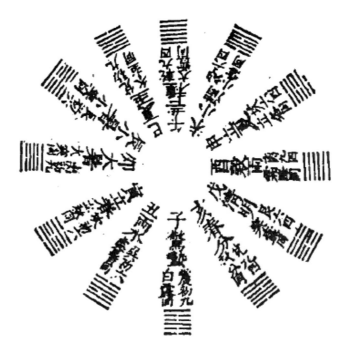

〈六十四卦甲子積筭〉p413

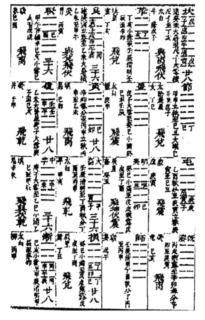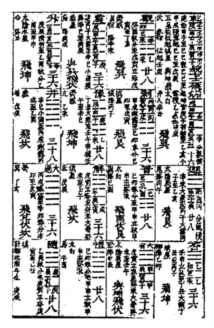

〈京邵三層卦氣〉p415〜416

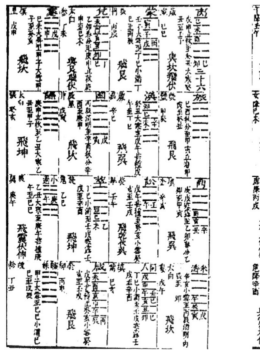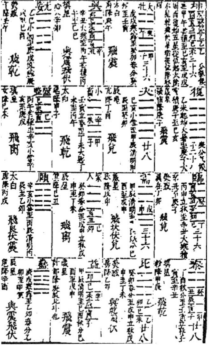

〈京邵三層卦氣〉p417〜418

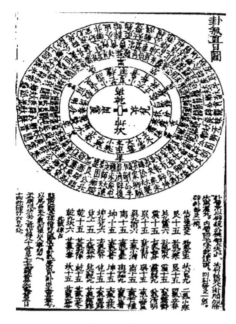

〈直日圖〉p419

〈具爻應二十四氣納虛圖〉p423

〈太玄約〉p427

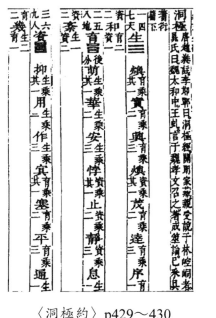

〈洞極約〉p429～430

〈元包約〉p433

〈潛虛約〉p435～436

〈邵約〉p439

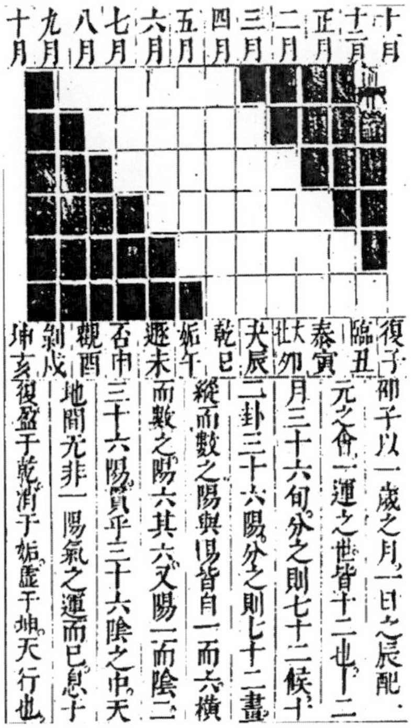

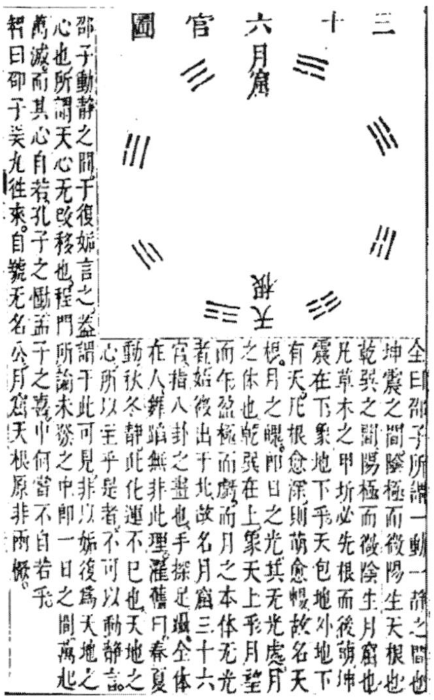

〈三十六宮圖〉一至二 p453～454

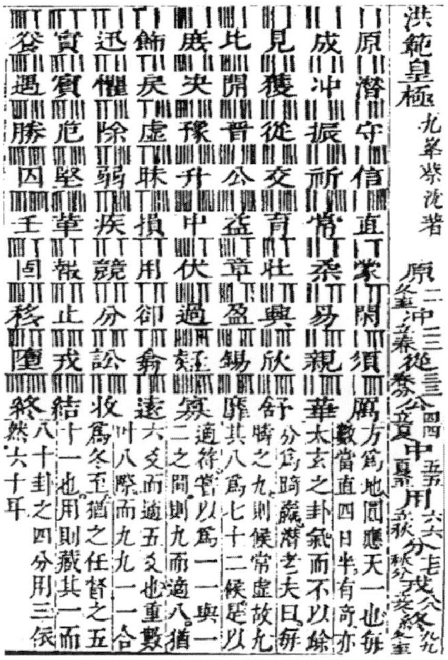

〈洪範蔡疇〉p455

〈附皇極數河洛理數約〉一至二　p461～462（由右至左）

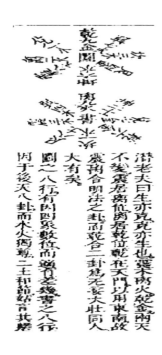

火
水木
水
木金
土

有以四木四火四金四
土而八水者乾鑿度以
土居水位五常以信居
北以智貌之乾元亨利
貞以貞司比盖水土一
五相環也。

中五四列
倍四為八
卦加四為
十二宮三
其四而二
其六也或
易乾艮故
丑寅屬金
戌亥屬土

〈五行雜變附〉一至四 p464～465

肯本諸此

每小五之中各為五行此世所畧也五六行
干支為六十以應藏四之八八卦盡五其十
二也各加虛則七十二故八八全列而納虛
應天自然適合者也律呂也卦氣也納音也

五音配之故子又屬土寅
並屬金酉又屬水○二其
八為十六而三其八則二
十四向矣節而其十二也
三合本于洛書而生于前
四旺于中四衰于後四
理蓋此其以三八分者
然東一卦西一卦南北共
一卦亦三八也

〈五行雜變附〉五至六 p465～466

—386—

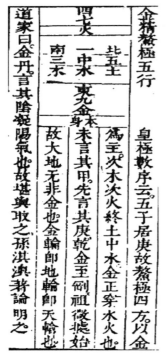

〈金精鰲極五行〉p472

〈八卦變曜五行〉p473

卷之六「旁徵」（頁 5：495）（共 12 幅）

（八）卷之六「旁徵」（頁 5：495）（12 幅）

〈先天近取諸身〉p495

〈後天六氣〉p495

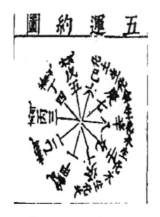

〈五運約圖〉p496

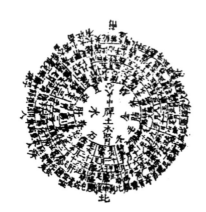

〈人身呼吸十二經卦氣圖〉一至二 p503

〈律呂聲音幾表〉p524

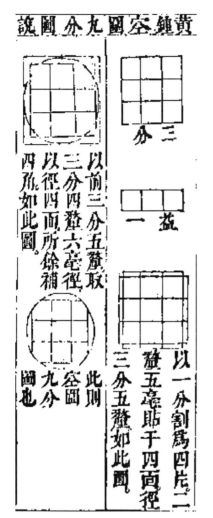

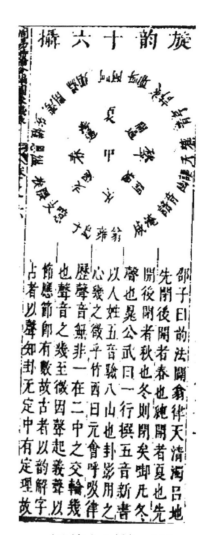

〈黃鍾空圍九分圖說〉一至五 p537　　　　　〈旋韻十六攝〉p585

（九）卷之七，「旁徵」（頁5：591）（0幅）

（十）卷之八「旁徵」（頁 5：651）（33 幅）

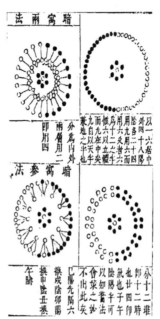

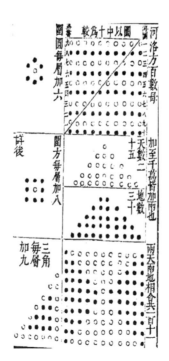

〈河洛積數槩〉一至十二 p655～656（由右至左）

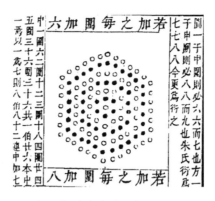

〈河洛積數欕〉十三 p659

〈河洛積數欕〉十四 p659

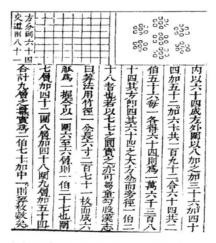

〈河洛積數欕〉十五至十六 p660（由右至左）

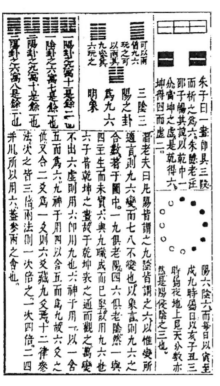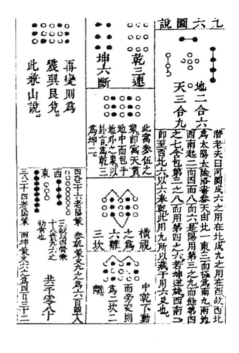

〈九六圖説〉一至十一 p661～662

〈參兩説〉一至二 p673

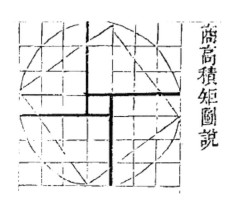

〈商高積矩圖說〉一 p681

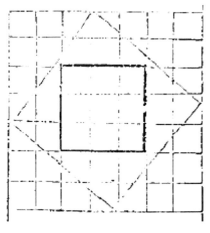

〈商高積矩圖說〉二 p681

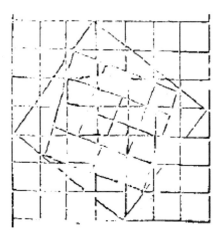

〈商高積矩圖說〉三 p681

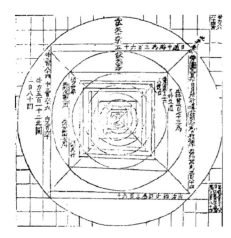

〈石齋黃氏天方圖說〉 p687